2020
中国妇女儿童状况统计资料

国家统计局社会科技和文化产业统计司 编

图书在版编目（ＣＩＰ）数据

中国妇女儿童状况统计资料．2020 / 国家统计局社会科技和文化产业统计司编．-- 北京：中国统计出版社，2020.12
 ISBN 978-7-5037-9292-2

Ⅰ．①中… Ⅱ．①国… Ⅲ．①妇女－生活状况－统计资料－中国－ 2020 ②儿童－生活状况－统计资料－中国－ 2020 Ⅳ．① D432.7-66 ② D442.7-66

中国版本图书馆 CIP 数据核字（2020）第 187427 号

中国妇女儿童状况统计资料 －2020

作　　者 / 国家统计局社会科技和文化产业统计司
责任编辑 / 李　冲
封面设计 / 黄　晨　李雪燕
出版发行 / 中国统计出版社
通信地址 / 北京市丰台区西三环南路甲 6 号　邮政编码 /100073
电　　话 / 邮购（010）63376909　书店（010）68783171
网　　址 / http://www.zgtjcbs.com
印　　刷 / 北京画中画印刷有限公司
经　　销 / 新华书店
开　　本 / 880mm×1230mm　1/32
字　　数 / 164 千字
印　　张 / 5.5
版　　别 / 2020 年 12 月第 1 版
版　　次 / 2020 年 12 月第 1 次印刷
定　　价 / 80.00 元

版权所有．未经许可，本书的任何部分不得以任何方式在世界任何地区以任何文字翻印、拷贝、仿制或转载。
如有印装差错，由本社发行部调换。

《中国妇女儿童状况统计资料-2020》编辑部

总 编 辑：万东华　王卫国
副总编辑：韩　静
编辑人员：张　鹏　宋　巍　白凤民　林　梅
　　　　　高　洁　赵　劲　马　剑　芦庆辉
　　　　　郝　钢　徐建鹏　马　静　陈晓景
　　　　　刘　丹　汪习文　亢　博　缪之文
　　　　　李学伟　张春梅　范鸿儒　曹　千
　　　　　张龙龙　杨莹瑛　胡洪瑞　徐桂花
执行编辑：徐建琳
责任编辑：李　冲

合作单位：国务院妇女儿童工作委员会办公室

本书的出版得到了联合国人口基金驻华代表处和联合国儿童基金会驻华办事处的大力支持，谨此致谢。

说 明

一、《中国妇女儿童状况统计资料-2020》是一本全面反映中国妇女儿童发展现状的综合性统计资料年刊。年刊汇集了2019年中国妇女儿童事业发展情况的相关数据以及2010年以来主要年份的相关数据。

二、本年刊内容包括人口与经济、卫生保健、教育、就业与社会保障、社会服务、社会参与、科技、体育、法律保护、生活和社会环境以及分地区统计资料。年刊后附有主要统计指标解释。

三、年刊资料主要来源于各相关部门的统计年报和统计年鉴、国家统计局相关统计资料，以及相关的专项调查统计资料。

四、年刊涉及的各项统计数据除森林资源外均未包括香港、澳门特别行政区和台湾省数据。

五、年刊中东部地区包括：北京、天津、河北、上海、江苏、浙江、福建、山东、广东和海南。中部地区包括：山西、安徽、江西、河南、湖北和湖南。西部地区包括：内蒙古、广西、重庆、四川、贵州、云南、西藏、陕西、甘肃、青海、宁夏和新疆。东北地区包括：辽宁、吉林和黑龙江。

六、年刊中部分数据的合计数或相对数由于四舍五入及计量单位取舍不同可能会产生计算误差，均未作机械调整；"#"表示其中主要项；"空格"表示数据不详或没有数据；"…"表示数据不足该表最小单位。

七、年刊的出版得到了国务院妇女儿童工作委员会办公室、最高人民法院、最高人民检察院、教育部、公安部、民政部、司法部、人力资源和社会保障部、水利部、文化和旅游部、国家卫生健康委员会、国家广播电视总局、国家体育总局、国家医疗保障局、国家新闻出版署、国家电影局、中华全国总工会、中华全国妇女联合会、中国科学技术协会、中国残疾人联合会以及全国政协、统战部等部门的大力支持，在此一并表示感谢！

数字可以给言辞以相当大的力量
——改变政策进而改变世界的力量

——摘自联合国《1970–1990年世界妇女状况》

目 录

一、人口与经济
- 表 1.1 人口数及其构成 ································· 2
- 表 1.2 人口自然变动情况 ····························· 2
- 表 1.3 2019 年按年龄分人口数及性别构成 ········ 3
- 表 1.4 平均预期寿命 ···································· 4
- 表 1.5 人口性别比、平均家庭户规模和少儿抚养比 ··· 4
- 表 1.6 全国儿童人数及占总人口比重 ·············· 5
- 图 1.1 全国 0—17 岁儿童性别比 ···················· 5
- 图 1.2 全国儿童人口规模变化趋势 ·················· 6
- 图 1.3 流动、留守儿童人口规模 ···················· 6
- 表 1.7 国内生产总值及指数 ··························· 7
- 表 1.8 居民人均收支情况 ····························· 7
- 表 1.9 农村贫困状况 ···································· 8
- 表 1.10 一般公共预算收支总额 ······················· 9
- 图 1.4 国家财政收支增长速度 ······················· 9
- 表 1.11 卫生总费用 ······································ 10
- 表 1.12 教育经费情况 ··································· 10

二、卫生保健
- 表 2.1 全国妇幼保健机构基本情况 ·················· 12
- 表 2.2 监测地区新生儿死亡率 ························ 13
- 表 2.3 监测地区婴儿死亡率 ··························· 13
- 表 2.4 监测地区 5 岁以下儿童死亡率 ·············· 14
- 表 2.5 监测地区孕产妇死亡率 ························ 14
- 表 2.6 住院分娩率 ······································· 15
- 图 2.1 18 岁以下儿童伤害死亡率 ···················· 15
- 表 2.7 儿童健康情况 ···································· 16

图 2.2　2019 年国家免疫规划疫苗接种率 …………… 16
　　表 2.8　妇女保健情况 ……………………………………… 17
　　表 2.9　妇女常见病筛查中患病率情况 ………………… 17
　　表 2.10　孕产妇保健情况 ………………………………… 18
　　表 2.11　2019 年监测地区孕产妇死亡主要原因构成 …… 18
　　表 2.12　2019 年部分地区城市居民前十位疾病死因构成 …… 19
　　表 2.13　2019 年部分地区农村居民前十位疾病死因构成 …… 19
　　表 2.14　婚前医学检查情况 ……………………………… 20
　　表 2.15　计划生育手术情况 ……………………………… 20

三、教育
　　表 3.1　全国各级各类学校数 ……………………………… 22
　　表 3.2　各级学校生师比 …………………………………… 22
　　表 3.3　全国各级教育入学率及升学率 ………………… 23
　　表 3.4　2019 年各级各类学校教职工人数及性别构成 …… 24
　　表 3.5　2019 年普通高校专任教师按学历、年龄分人数及
　　　　　　性别构成 ……………………………………………… 26
　　表 3.6　2019 年普通高校专任教师按授课内容分人数及
　　　　　　性别构成 ……………………………………………… 27
　　表 3.7　2019 年普通高校专任教师按未任课原因分人数及
　　　　　　性别构成 ……………………………………………… 27
　　表 3.8　2019 年普通高中专任教师按学历、专业技术职务分
　　　　　　人数及性别构成 ……………………………………… 28
　　表 3.9　2019 年初中专任教师按学历、专业技术职务分
　　　　　　人数及性别构成 ……………………………………… 29
　　表 3.10　2019 年普通小学专任教师按学历、专业技术职务
　　　　　　分人数及性别构成 …………………………………… 30
　　表 3.11　2019 年特殊教育专任教师按学历、专业技术职务
　　　　　　分人数及性别构成 …………………………………… 31
　　表 3.12　2019 年各级各类学校在校学生数及性别构成 …… 32
　　表 3.13　2019 年研究生在校人数及性别构成 …………… 33
　　表 3.14　2019 年普通本专科学生人数及性别构成 ……… 33
　　表 3.15　2019 年成人本专科学生人数及性别构成 ……… 34

表 3.16	2019年网络本专科学生人数及性别构成	34
表 3.17	2019年高中阶段教育在校生人数及性别构成	35
表 3.18	2019年义务教育阶段学生人数及性别构成	35
表 3.19	2019年学前教育、特殊教育及工读学校学生人数及性别构成	36
表 3.20	2019年进城务工人员子女义务教育阶段在校生人数及性别构成	36
表 3.21	2019年6岁及以上人口受教育程度及性别构成	37
表 3.22	分性别文盲人口占15岁及以上人口的比重	37
表 3.23	全国6–17岁儿童在校率	38
表 3.24	2015年6–17岁儿童分城乡在校率	38
表 3.25	全国6–17岁儿童未按规定接受或完成义务教育的比重	39
表 3.26	各类家长学校情况	39
图 3.1	义务教育阶段在校残疾学生数	40
表 3.27	助学项目资助的残疾儿童人数及性别构成	40

四、就业与社会保障

表 4.1	就业人员及性别构成	42
表 4.2	城镇单位就业人员及性别构成	42
表 4.3	城镇登记失业人员、性别构成及城镇登记失业率	43
表 4.4	实现就业的就业困难人数及性别构成	43
表 4.5	城镇职工基本养老保险参保人数及性别构成	44
表 4.6	2019年城乡居民基本养老保险参保人数及性别构成	44
表 4.7	职工基本医疗保险参保人数及性别构成	45
表 4.8	城乡居民基本医疗保险参保人数及性别构成	45
表 4.9	失业保险参保人数及性别构成	46
表 4.10	工伤保险参保人数及性别构成	46
表 4.11	生育保险参保人数及性别构成	47
图 4.1	16–17周岁儿童劳动参与率，2000年、2010年和2015年	47
表 4.12	由就业培训中心和民办职业培训机构举办的职业技能培训人数及性别构成	48

表 4.13 参加职业技能培训取得证书人数及性别构成 ………… 48
表 4.14 参加职业技能培训实现就业人数及性别构成 ………… 49
表 4.15 残疾人就业人数及性别构成 ………………………… 49
图 4.2 人力资源和社会保障部门查处违反女职工和未成年
       工特殊保护规定案件数 ……………………………… 50
图 4.3 执行了《女职工劳动保护特别规定》的企业比重 …… 50

五、社会服务
表 5.1 城市居民最低生活保障人数 ………………………… 52
表 5.2 农村居民最低生活保障人数 ………………………… 52
表 5.3 农村特困人员救助供养人数及性别构成 …………… 53
图 5.1 农村特困人员救助供养人数中未成年人数 ………… 53
表 5.4 城乡居民最低生活保障平均标准 …………………… 54
表 5.5 提供住宿的民政服务机构基本情况 ………………… 54
表 5.6 孤儿总数 ……………………………………………… 55
表 5.7 家庭收养儿童情况 …………………………………… 55
表 5.8 被家庭收养的女童及残疾儿童数 …………………… 56
表 5.9 社区服务建设 ………………………………………… 56
表 5.10 生活无着落人员救助管理站基本情况 ……………… 57
表 5.11 未成年人救助保护中心基本情况 …………………… 57
表 5.12 残疾人事业助学项目资助 3-5 岁儿童人数 ………… 58
图 5.2 开展残疾儿童康复的残疾人康复机构 ……………… 58
图 5.3 2019 年 0-6 岁残疾儿童接受康复训练与服务人数 … 59
表 5.13 结婚登记人口婚姻状况 ……………………………… 59
表 5.14 结婚登记情况 ………………………………………… 60
表 5.15 离婚情况 ……………………………………………… 60

六、社会参与
表 6.1 历届全国人民代表大会代表人数及性别构成 ……… 62
图 6.1 第九至十三届全国人大女常委比例 ………………… 62
表 6.2 历届全国政协委员人数及性别构成 ………………… 63
图 6.2 第九至十三届全国政协女常委比例 ………………… 63
表 6.3 中国共产党基层组织情况 …………………………… 64

表 6.4　中国共产党发展党员人数及性别构成 …………………… 64
表 6.5　中国共产党党员人数及性别构成 ………………………… 65
表 6.6　中国共产党第十七至十九届代表大会代表人数及
　　　　性别构成……………………………………………………… 65
表 6.7　中国共产党代表大会中央委员会委员人数及
　　　　性别构成……………………………………………………… 66
表 6.8　中国共产党第十七至十九届中央政治局委员人数及
　　　　性别构成……………………………………………………… 67
表 6.9　中国共产党代表大会中央纪律委员会委员人数及
　　　　性别构成……………………………………………………… 67
表 6.10　2018 年各民主党派人数及性别构成…………………… 68
表 6.11　2018 年各民主党派中央委员人数及性别构成………… 68
表 6.12　工会会员性别构成 ……………………………………… 69
表 6.13　职工代表人数及性别构成 ……………………………… 69
表 6.14　企业职工代表大会、董事会、监事会中女性
　　　　 代表比重 ……………………………………………………… 70
表 6.15　县及县以上妇联组织和妇联工作人员数 ……………… 70
表 6.16　社会组织中女性比重 …………………………………… 71
表 6.17　社会组织负责人中女性比重 …………………………… 71
表 6.18　基层群众性自治组织中女性比重 ……………………… 72
表 6.19　村委会选举情况 ………………………………………… 72

七、科技

表 7.1　中国两院院士人数及性别构成 …………………………… 74
图 7.1　中国科学院女院士学部分布情况 ………………………… 75
图 7.2　中国工程院女院士学部分布情况 ………………………… 75
表 7.2　研究与试验发展（R&D）人员及性别构成 ……………… 76
表 7.3　2019 年按执行部门分 R&D 人员及性别构成 …………… 76
表 7.4　2019 年规模以上工业企业 R&D 人员及性别构成 ……… 77
表 7.5　2019 年研究与开发机构 R&D 人员及性别构成 ………… 78
表 7.6　高等学校 R&D 人员及性别构成………………………… 79
表 7.7　科协有关人员情况 ………………………………………… 79
表 7.8　受表彰奖励科技人员及性别构成 ………………………… 80

表 7.9　青少年科技教育普及情况 ·············· 80

八、体育
表 8.1　2019 年分技术等级在岗专职教练员人数及性别构成 ··· 82
表 8.2　2019 年分技术等级运动员发展人数及性别构成 ······ 82
表 8.3　2016 年里约奥运会中国运动员获奖牌情况 ········ 83
表 8.4　2016 年里约奥运会中国运动员获奖牌人数 ········ 83
表 8.5　中国参加历届奥运会获金牌数 ··············· 84
表 8.6　中国参加历届奥运会获金牌人数 ·············· 84
表 8.7　2019 年中国运动员获世界冠军人数及性别构成 ····· 85
表 8.8　2015-2019 年中国运动员创世界纪录统计 ········ 86
表 8.9　2013 年全国各系统体育场地数量及面积情况 ······ 87
表 8.10 少儿体育运动学校数 ····················· 87
图 8.1　6-19 岁儿童青少年参加体育健身活动形式 ········ 88
图 8.2　6-19 岁儿童青少年不愿参加体育锻炼的原因 ······· 88

九、法律保护
表 9.1　全国法官及高级法官性别构成 ··············· 90
表 9.2　全国陪审员人数及性别构成 ················ 90
表 9.3　全国律师人数及性别构成 ·················· 91
表 9.4　全国公证员人数及性别构成 ················ 91
表 9.5　公安机关破获各种侵害妇女儿童案件数 ········· 92
表 9.6　公安机关强奸案件、拐卖妇女儿童案件立案数 ····· 92
表 9.7　刑事犯罪受害人性别构成及 14 岁以下儿童
　　　　所占比重 ··························· 93
图 9.1　青少年作案成员占全部作案人员的比重 ········· 93
表 9.8　全国批准逮捕犯罪嫌疑人人数及性别构成 ········ 94
表 9.9　审查批捕、起诉未成年人犯罪案件情况 ········· 94
图 9.2　各级人民法院判决生效的刑事案件中女性罪犯
　　　　所占比重 ··························· 95
表 9.10 建立少年法庭数及各级人民法院判决生效的刑事
　　　　案件中青少年罪犯所占比重 ················ 95
表 9.11 2019 年全国法院判处女性犯罪案件情况 ········· 96

表 9.12　法律援助机构数及获得法律援助的人数 ……………… 98
图 9.3　县级以上妇联组织受理妇女儿童投诉件次数 ……… 98

十、社会和生活环境

表 10.1　森林资源情况 ………………………………………… 100
表 10.2　人均水资源量及人均用水量 ………………………… 100
表 10.3　城市环境情况 ………………………………………… 101
图 10.1　农村集中式供水受益人口比重 ……………………… 101
表 10.4　全国少儿图书馆、博物馆基本情况 ………………… 102
表 10.5　公共图书馆中少儿阅览室坐席数及少儿文献 …… 102
表 10.6　文化机构数及为未成年人组织活动专场数 ………… 103
表 10.7　全国少年儿童出版物情况 …………………………… 103
表 10.8　全国少年儿童课本出版情况 ………………………… 104
图 10.2　全年生产动画影片 …………………………………… 104
表 10.9　全国广播、电视节目综合人口覆盖率 ……………… 105
表 10.10　少儿广播电视节目播出时间 ………………………… 105
表 10.11　妇女之家和儿童之家数 ……………………………… 106
表 10.12　各级表彰或揭晓的五好家庭、三八红旗手和
　　　　　"最美家庭"数………………………………………… 106

十一、分地区统计资料

表 11.1　2019 年年末人口情况 ………………………………… 108
表 11.2　2019 年人口数及性别构成 …………………………… 109
表 11.3　2019 年分年龄人口数 ………………………………… 110
表 11.4　2019 年平均家庭户规模及抚养比 …………………… 111
表 11.5　2019 年居民人均可支配收入 ………………………… 112
表 11.6　2019 年孕产妇死亡率 ………………………………… 113
表 11.7　2019 年孕产妇基本情况 ……………………………… 114
表 11.8　2019 年分性别小学学龄儿童净入学率 ……………… 115
表 11.9　2019 年各级学校生师比 ……………………………… 116
表 11.10　2019 年每十万人口各级学校平均在校生数 ………… 117
表 11.11　2019 年文盲人口占 15 岁及以上人口的比重……… 118
表 11.12　2019 年城镇职工基本养老保险参保人数及性别构成… 119

表 11.13	2019年城乡居民基本养老保险参保人数及性别构成…………	120
表 11.14	2019年城镇职工基本医疗保险参保人数及性别构成…………	121
表 11.15	2019年失业保险参保人数及性别构成…………	122
表 11.16	2019年工伤保险参保人数及性别构成…………	123
表 11.17	2019年生育保险参保人数及性别构成…………	124
表 11.18	2019年就业困难人员实现就业人数及性别构成…	125
表 11.19	2019年城市居民最低生活保障人数及性别构成…	126
表 11.20	2019年农村居民最低生活保障人数及性别构成…	127
表 11.21	2019年城乡居民最低生活保障平均标准…………	128
表 11.22	2019年农村特困人员人数及性别构成…………	129
表 11.23	2019年社区服务机构和设施基本情况…………	130
表 11.24	2019年结婚登记情况…………	131
表 11.25	2019年分年龄组结婚登记人数…………	132
表 11.26	2019年离婚情况…………	133
表 11.27	2019年社会组织和群众性自治组织中女性比重…	134
表 11.28	2019年R&D人员及性别构成	136
表 11.29	2019年在岗专职教练员人数及性别构成…………	137
表 11.30	2019年律师人数及性别构成…………	138
表 11.31	2019年公证员人数及性别构成…………	139
表 11.32	2019年法律援助机构数及获得法律援助的受援人数…	140
表 11.33	2019年少儿广播电视节目播出时间…………	141
表 11.34	2019年农村集中式供水受益人口比重及人均水资源量…………	142
表 11.35	2019年公共图书馆基本情况…………	143
表 11.36	2019年全国文化馆(站)、博物馆个数及未成年人参观情况…………	144
表 11.37	2019年全国妇女之家及儿童之家数…………	145
表 11.38	2019年各级表彰或揭晓的五好家庭、三八红旗手和"最美家庭"数…………	146
表 11.39	2019年残疾人人口基础数据库持证残疾人人数及性别构成…………	147

表 11.40　2019 年接受残疾人事业专项彩票公益金助学项目
　　　　　资助的 3-5 岁人数 ……………………………… 148
表 11.41　2019 年接受残疾人事业专项彩票公益金助学
　　　　　项目资助的 3-5 岁儿童残疾类别 ……………… 149

附：主要统计指标解释…………………………………………… 150

一、人口与经济

表1.1 人口数及其构成

分组	2018年 人口数(万人)	2018年 比重(%)	2019年 人口数(万人)	2019年 比重(%)
合计	139538	100.0	140005	100.0
城镇	83137	59.6	84843	60.6
乡村	56401	40.4	55162	39.4
男性	71351	51.1	71527	51.1
女性	68187	48.9	68478	48.9
0-15岁	24860	17.8	24977	17.8
16-59岁	89729	64.3	89640	64.0
60岁及以上	24949	17.9	25388	18.1
#65岁及以上	16658	11.9	17603	12.6

资料来源:根据国家统计局人口变动情况抽样调查资料推算。

表1.2 人口自然变动情况

年份	年末总人口(万人)	出生率(‰)	死亡率(‰)	自然增长率(‰)
2010	134091	11.90	7.11	4.79
2011	134735	11.93	7.14	4.79
2012	135404	12.10	7.15	4.95
2013	136072	12.08	7.16	4.92
2014	136782	12.37	7.16	5.21
2015	137462	12.07	7.11	4.96
2016	138271	12.95	7.09	5.86
2017	139008	12.43	7.11	5.32
2018	139538	10.94	7.13	3.81
2019	140005	10.48	7.14	3.34

资料来源:国家统计局,《中国统计年鉴2020》。

表1.3 2019年按年龄分人口数及性别构成

年龄	样本人口数（人）	#女	性别构成(%) 男	性别构成(%) 女
合 计	1091876	534042	51.1	48.9
0—4	62722	29361	53.2	46.8
5—9	60701	27992	53.9	46.1
10—14	59844	27314	54.4	45.6
15—19	55822	25560	54.2	45.8
20—24	61519	28665	53.4	46.6
25—29	81741	39555	51.6	48.4
30—34	93971	46686	50.3	49.7
35—39	77703	38447	50.5	49.5
40—44	77044	37810	50.9	49.1
45—49	95621	46969	50.9	49.1
50—54	93125	46079	50.5	49.5
55—59	74068	36886	50.2	49.8
60—64	60712	30244	50.2	49.8
65—69	55086	28119	49.0	51.0
70—74	35665	18374	48.5	51.5
75—79	22610	12042	46.7	53.3
80—84	14322	8081	43.6	56.4
85—89	7036	4130	41.3	58.7
90—94	2113	1395	34.0	66.0
95+	450	333	26.0	74.0

资料来源:国家统计局,2019年全国人口变动情况抽样调查样本数据,抽样比为0.780‰。

表1.4 平均预期寿命

单位：岁

年份	合计	男	女	女性－男性
1981	67.77	66.28	69.27	2.99
1990	68.55	66.84	70.47	3.63
2000	71.40	69.63	73.33	3.70
2005	72.95	70.83	75.25	4.42
2010	74.83	72.38	77.37	4.99
2015	76.34	73.64	79.43	5.79

资料来源：国家统计局，《中国统计年鉴2020》。

表1.5 人口性别比、平均家庭户规模和少儿抚养比

年份	人口性别比（女=100）		平均家庭户规模（人/户）	少儿抚养比（％）
	出生人口性别比	总人口性别比		
2010	117.9	105.20	3.10	22.27
2011	117.8	105.18	3.03	22.10
2012	117.7	105.12	3.02	22.20
2013	117.6	105.10	2.98	22.20
2014	115.9	105.06	2.97	22.45
2015	113.5	105.02	3.10	22.63
2016	113.4	104.98	3.11	22.95
2017	111.9	104.81	3.03	23.39
2018		104.64	3.00	23.68
2019	110.1	104.46	2.92	23.76

资料来源：2019年出生人口性别比为国家卫生健康委员会数据，其他年份根据国家统计局全国人口普查及人口变动情况抽样调查数据推算。

表1.6 全国儿童人数及占总人口比重

分组	2010年 人数（亿人）	2010年 比重（%）	2015年 人数（亿人）	2015年 比重（%）
总人口	13.41	100.0	13.8	100.0
#儿童	2.79	20.9	2.7	19.7
男童	1.50	11.2	1.5	10.7
女童	1.29	9.7	1.2	9.0

数据来源：2010年数据取自国家统计局，《中国2010年人口普查资料》，2015年数据取自国家统计局、联合国儿童基金会、联合国人口基金，《2015年中国儿童人口状况：事实与数据》，2017年。

图1.1 全国0-17岁儿童性别比（女=100）

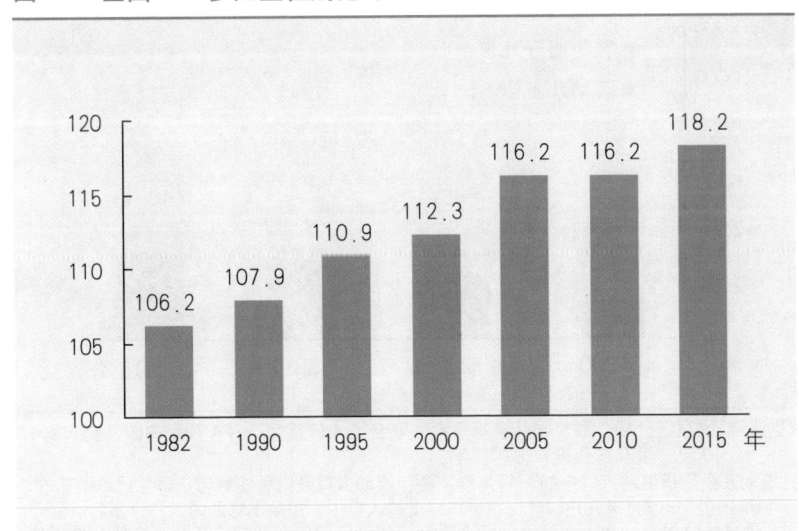

数据来源：国家统计局、联合国儿童基金会、联合国人口基金，《2015年中国儿童人口状况：事实与数据》，2017年。

图1.2 全国儿童人口规模变化趋势（0-17周岁）

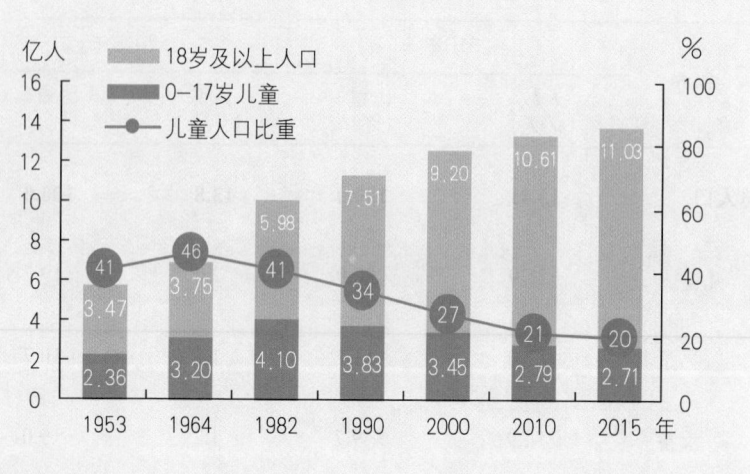

数据来源：国家统计局、联合国儿童基金会、联合国人口基金，《2015年中国儿童人口状况：事实与数据》，2017年。

图1.3 流动、留守儿童人口规模

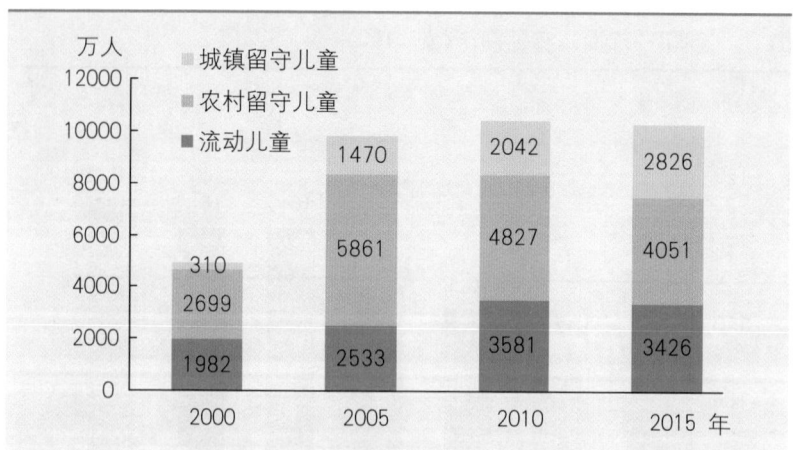

数据来源：国家统计局、联合国儿童基金会、联合国人口基金，《2015年中国儿童人口状况：事实与数据》，2017年。

注：流动儿童是指流动人口中的0-17周岁儿童。流动人口是指居住地与户口登记地所在的乡镇街道不一致且离开户口登记地半年以上的人口中，扣除市辖区内人户分离者。留守儿童是指父母双方或一方流动，留在原籍不能与父母双方共同生活在一起的儿童。其中，农村留守儿童是指留守儿童中户籍所在地为农村的儿童，城镇留守儿童是指留守儿童中户籍所在地为城镇的儿童。

表1.7 国内生产总值及指数

年份	国内生产总值(GDP)		人均国内生产总值	
	绝对数 (亿元)	指数 (上年=100)	绝对数 (元)	指数 (上年=100)
2010	412119.3	110.6	30808	110.1
2011	487940.2	109.6	36302	109.0
2012	538580.0	107.9	39874	107.3
2013	592963.2	107.8	43684	107.2
2014	643563.1	107.4	47173	106.9
2015	688858.2	107.0	50237	106.5
2016	746395.1	106.8	54139	106.3
2017	832035.9	106.9	60014	106.4
2018	919281.1	106.7	66006	106.3
2019	990865.1	106.1	70892	105.7

资料来源:国家统计局,《中国统计年鉴2020》。
注:1.绝对数按当年价格计算,指数按不变价格计算。
2.各年度GDP数据有系统修订。

表1.8 居民人均收支情况

单位:元

年份	居民人均可支配收入			居民人均消费支出		
	合计	城镇	农村	合计	城镇	农村
2013	18310.8	26467.0	9429.6	13220.4	18487.5	7485.1
2014	20167.1	28843.9	10488.9	14491.4	19968.1	8382.6
2015	21966.2	31194.8	11421.7	15712.4	21392.4	9222.6
2016	23821.0	33616.2	12363.4	17110.7	23078.9	10129.8
2017	25973.8	36396.2	13432.4	18322.1	24445.0	10954.5
2018	28228.0	39250.8	14617.0	19853.1	26112.3	12124.3
2019	30732.8	42358.8	16020.7	21558.9	28063.4	13327.7

资料来源:国家统计局,《中国统计年鉴2020》。

表1.9 农村贫困状况(按2010年标准)

年份	贫困人口（万人）	贫困发生率（％）
1978	77039	97.5
1980	76542	96.2
1985	66101	78.3
1990	65849	73.5
1995	55463	60.5
2000	46224	49.8
2005	28662	30.2
2010	16567	17.2
2011	12238	12.7
2012	9899	10.2
2013	8249	8.5
2014	7017	7.2
2015	5575	5.7
2016	4335	4.5
2017	3046	3.1
2018	1660	1.7
2019	551	0.6

资料来源：国家统计局，《中国统计年鉴2020》。
注：2010年标准即现行农村贫困标准，为每人每年生活水平2300元(2010年不变价)。

表1.10　一般公共预算收支总额

单位：亿元

年份	一般公共预算收入	中央	地方	一般公共预算支出	中央	地方
2010	83101.5	42488.5	40613.0	89874.2	15989.7	73884.4
2011	103874.4	51327.3	52547.1	109247.8	16514.1	92733.7
2012	117253.5	56175.2	61078.3	125953.0	18764.6	107188.3
2013	129209.6	60198.5	69011.2	140212.1	20471.8	119740.3
2014	140370.0	64493.5	75876.6	151785.6	22570.1	129215.5
2015	152269.2	69267.2	83002.0	175877.8	25542.2	150335.6
2016	159605.0	72365.6	87239.4	187755.2	27403.9	160351.4
2017	172592.8	81123.4	91469.4	203085.5	29857.2	173228.3
2018	183359.8	85456.5	97903.4	220904.1	32707.8	188196.3
2019	190390.1	89309.5	101080.6	238858.4	35115.2	203743.2

资料来源：国家统计局，《中国统计年鉴2020》。
注：1.一般公共预算收入中不包括国内外债务收入。
　　2.一般公共预算支出中包括国内外债务付息支出。

图1.4　国家财政收支增长速度

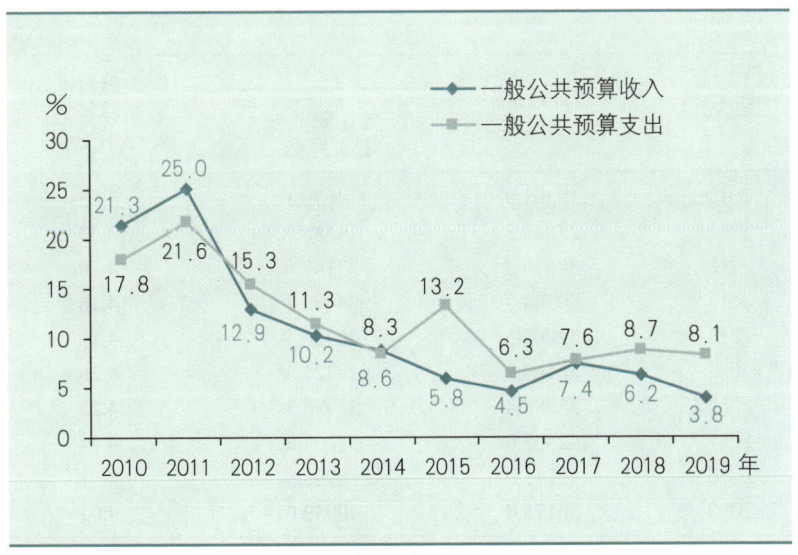

资料来源：国家统计局，《中国统计年鉴2020》。

表1.11　卫生总费用

单位：亿元

年　份	合　计	政府卫生支出	社会卫生支出	个人现金卫生支出	卫生总费用与GDP之比（%）
2010	19980.4	5732.5	7196.6	7051.3	4.84
2011	24345.9	7464.2	8416.5	8465.3	4.98
2012	28119.0	8432.0	10030.7	9656.3	5.20
2013	31669.0	9545.8	11393.8	10729.3	5.32
2014	35312.4	10579.2	13437.8	11295.4	5.48
2015	40974.6	12475.3	16506.7	11992.7	5.95
2016	46344.9	13910.3	19096.7	13337.9	6.23
2017	52598.3	15205.9	22258.8	15133.6	6.36
2018	59121.9	16399.1	25810.8	16912.0	6.43
2019	65841.4	18017.0	29150.6	18673.9	6.64

资料来源：国家卫生健康委员会。
注：本表系按当年价格核算数，2019年为初步测算数。

表1.12　教育经费情况

单位：亿元

年　份	教育经费总投入	#国家财政性教育经费	国家财政性教育经费与GDP之比（%）
2010	19561.9	14670.1	3.65
2011	23869.3	18586.7	3.93
2012	28655.3	23147.5	4.28
2013	30364.7	24488.2	4.16
2014	32806.5	26420.6	4.10
2015	36129.2	29221.5	4.26
2016	38888.4	31396.3	4.22
2017	42562.0	34207.8	4.14
2018	46143.0	36995.8	4.11
2019	50175.0	40049.0	4.04

资料来源：教育部，历年全国教育经费执行情况统计公告。

二、卫生保健

表2.1 全国妇幼保健机构基本情况

年份	妇幼保健院(所、站)			
	机构数(个)	床位数(张)	诊疗人次(万人次)	#妇幼保健院
2010	3025	134364	15967.3	14224.8
2011	3036	145866	17568.9	15673.9
2012	3044	161560	20148.1	18150.7
2013	3144	175476	21508.1	19432.0
2014	3098	184815	23229.2	21105.5
2015	3078	195352	23529.1	21472.4
2016	3063	206538	26400.6	24280.4
2017	3077	221136	28370.3	26341.1
2018	3080	232848	29246.5	27331.1
2019	3071	232848	31511.7	29714.5

资料来源:国家卫生健康委员会。

表2.1 续表

年份	儿童医院		妇产(科)医院	
	机构数(个)	床位数(张)	机构数(个)	床位数(张)
2010	72	24582	398	26453
2011	79	25690	442	29545
2012	89	28273	495	32902
2013	96	30961	558	37693
2014	99	33819	622	43707
2015	114	37479	703	50698
2016	117	38148	757	57087
2017	117	40218	773	60364
2018	129	42725	807	62267
2019	141	45082	809	60618

表2.2 监测地区新生儿死亡率

单位：‰

年 份	合 计	城 市	农 村
2010	8.3	4.1	10.0
2011	7.8	4.0	9.4
2012	6.9	3.9	8.1
2013	6.3	3.7	7.3
2014	5.9	3.5	6.9
2015	5.4	3.3	6.4
2016	4.9	2.9	5.7
2017	4.5	2.6	5.3
2018	3.9	2.2	4.7
2019	3.5	2.0	4.1

资料来源:国家卫生健康委员会。
注：城市包括直辖市区和地级市辖区，农村包括县及县级市。下同。

表2.3 监测地区婴儿死亡率

单位：‰

年 份	合 计	城 市	农 村
2010	13.1	5.8	16.1
2011	12.1	5.8	14.7
2012	10.3	5.2	12.4
2013	9.5	5.2	11.3
2014	8.9	4.8	10.7
2015	8.1	4.7	9.6
2016	7.5	4.2	9.0
2017	6.8	4.1	7.9
2018	6.1	3.6	7.3
2019	5.6	3.4	6.6

资料来源:国家卫生健康委员会。

表2.4 监测地区5岁以下儿童死亡率

单位：‰

年份	合计	城市	农村
2010	16.4	7.3	20.1
2011	15.6	7.1	19.1
2012	13.2	5.9	16.2
2013	12.0	6.0	14.5
2014	11.7	5.9	14.2
2015	10.7	5.8	12.9
2016	10.2	5.2	12.4
2017	9.1	4.8	10.9
2018	8.4	4.4	10.2
2019	7.8	4.1	9.4

资料来源：国家卫生健康委员会。

表2.5 监测地区孕产妇死亡率

单位：1/10万

年份	合计	城市	农村
2010	30.0	29.7	30.1
2011	26.1	25.2	26.5
2012	24.5	22.2	25.6
2013	23.2	22.4	23.6
2014	21.7	20.5	22.2
2015	20.1	19.8	20.2
2016	19.9	19.5	20.0
2017	19.6	16.6	21.1
2018	18.3	15.5	19.9
2019	17.8	16.5	18.6

资料来源：国家卫生健康委员会。

表2.6 住院分娩率

单位:%

年份	合计	城市	农村
2010	97.8	99.2	96.7
2011	98.7	99.6	98.1
2012	99.2	99.7	98.8
2013	99.5	99.9	99.2
2014	99.6	99.9	99.4
2015	99.7	99.9	99.5
2016	99.8	100.0	99.6
2017	99.9	100.0	99.8
2018	99.9	100.0	99.8
2019	99.9	100.0	99.8

资料来源:国家卫生健康委员会。

图2.1 18岁以下儿童伤害死亡率

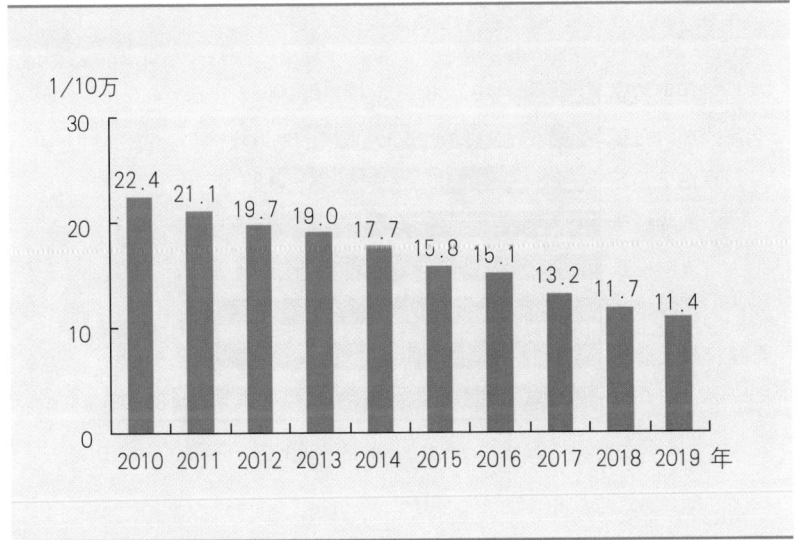

资料来源:国家卫生健康委员会。

表2.7 儿童健康情况

单位：%

年份	低出生体重发生率	新生儿访视率	5岁以下儿童低体重患病率	3岁以下儿童系统管理率	7岁以下儿童健康管理率
2010	2.34	89.6	1.55	81.5	83.4
2011	2.33	90.6	1.51	84.6	85.8
2012	2.38	91.8	1.44	87.0	88.9
2013	2.44	93.2	1.37	89.0	90.7
2014	2.61	93.6	1.48	89.8	91.3
2015	2.64	94.3	1.49	90.7	92.1
2016	2.73	94.6	1.44	91.1	92.4
2017	2.88	93.9	1.40	91.1	92.6
2018	3.13	93.7	1.43	91.2	92.7
2019	3.24	94.1	1.37	91.9	93.6

资料来源：国家卫生健康委员会。

图2.2 2019年国家免疫规划疫苗接种率

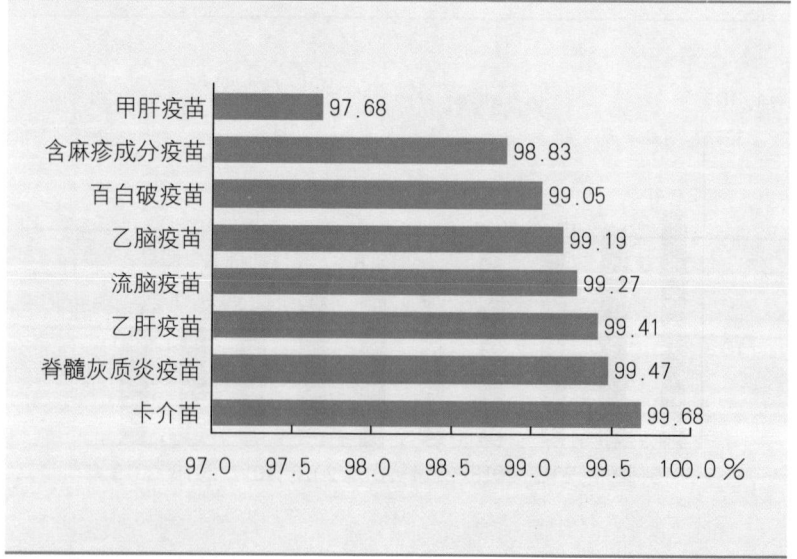

资料来源：国家卫生健康委员会。

表2.8 妇女保健情况

单位：%

年份	妇女病检查率	查出妇女病率	已婚育龄妇女避孕率
2010	61.2	28.8	89.1
2011	65.4	28.3	88.6
2012	64.2	27.8	87.9
2013	68.7	27.4	87.3
2014	55.1	27.6	86.6
2015	61.6	26.3	86.1
2016	64.4	25.6	83.0
2017	66.9	24.2	80.6
2018	75.5	22.2	80.6
2019	83.1	20.6	

资料来源：国家卫生健康委员会。

表2.9 妇女常见病筛查中患病率情况

年份	阴道炎患病率（%）	宫颈炎患病率（%）	尖锐湿疣患病率（1/10万）	宫颈癌患病率（1/10万）	乳腺癌患病率（1/10万）	卵巢癌患病率（1/10万）
2010	13.2	12.1	33.8	15.1	10.1	3.4
2011	13.6	11.7	33.4	15.3	10.4	3.2
2012	13.6	11.3	28.8	13.3	10.7	2.9
2013	13.6	11.3	20.7	16.4	12.2	3.1
2014	13.4	10.7	34.1	17.6	14.3	4.3
2015	12.9	10.0	28.5	15.8	13.2	3.5
2016	12.6	9.5	35.6	46.1	46.8	3.1
2017	12.3	7.5	28.1	45.6	51.2	3.2
2018	11.6	5.8	27.0	45.2	44.3	2.5
2019	11.0	4.8	19.2	43.3	43.4	2.3

资料来源：国家卫生健康委员会。

表2.10 孕产妇保健情况

单位：%

年份	孕产妇建卡率	孕产妇系统管理率	产前检查率	产后访视率	孕产期中重度贫血患病率
2010	92.9	84.1	94.1	90.8	1.80
2011	93.8	85.2	93.7	91.0	1.70
2012	94.8	87.6	95.0	92.6	1.65
2013	95.7	89.5	95.6	93.5	1.64
2014	95.8	90.0	96.2	93.9	1.29
2015	96.4	91.5	96.5	94.5	1.25
2016	96.6	91.6	96.6	94.6	1.24
2017	96.6	89.9	96.5	94.0	
2018	92.5	89.9	96.6	93.8	
2019	92.4	90.3	96.8	94.1	

资料来源：国家卫生健康委员会。

表2.11 2019年监测地区孕产妇死亡主要原因构成

疾病名称	合计		城市		农村	
	位次	构成(%)	位次	构成(%)	位次	构成(%)
产科出血	1	16.9	3	9.2	1	20.4
心脏病	2	14.5	1	20.0	2	12.0
妊娠期高血压疾病	3	11.1	3	9.2	2	12.0
羊水栓塞	4	8.7	4	6.2	4	9.9
静脉血栓形成及肺栓塞症	4	8.7		4.6		10.6
妊娠合并各系统恶性肿瘤	5	5.3	2	10.8	7	2.8

资料来源：国家卫生健康委员会。

表2.12　2019年部分地区城市居民前十位疾病死因构成

疾病名称	城市居民		男		女	
	位次	构成(%)	位次	构成(%)	位次	构成(%)
恶性肿瘤	1	25.7	1	28.4	2	22.1
心脏病	2	23.7	2	21.4	1	26.7
脑血管病	3	20.6	3	20.0	3	21.5
呼吸系统疾病	4	10.4	4	10.9	4	9.7
损伤及中毒外部原因	5	5.7	5	6.3	5	5.0
内分泌营养和代谢病	6	3.4	6	3.0	6	4.1
消化系统疾病	7	2.4	7	2.5	7	2.2
神经系统疾病	8	1.5	8	1.3	8	1.7
泌尿生殖系统疾病	9	1.1	10	1.1	9	1.1
传染病(含呼吸道结核)	10	1.0	9	1.2	10	0.7

资料来源:国家卫生健康委员会。
注：本表系605个死因监测点初步结果。下表同。

表2.13　2019年部分地区农村居民前十位疾病死因构成

疾病名称	农村居民		男		女	
	位次	构成(%)	位次	构成(%)	位次	构成(%)
心脏病	1	23.8	3	21.2	1	27.4
恶性肿瘤	2	23.3	1	26.2	3	19.3
脑血管病	3	22.9	2	22.2	2	24.0
呼吸系统疾病	4	10.8	4	10.8	4	10.8
损伤及中毒外部原因	5	7.4	5	8.4	5	6.0
内分泌营养和代谢病	6	2.6	7	2.0	6	3.3
消化系统疾病	7	2.1	6	2.3	7	1.8
神经系统疾病	8	1.2	9	1.1	8	1.5
泌尿生殖系统疾病	9	1.1	10	1.1	9	1.0
传染病(含呼吸道结核)	10	1.0	8	1.2	10	0.7

资料来源:国家卫生健康委员会。

表2.14 婚前医学检查情况

单位：%

年份	婚前医学检查率			检出疾病率[1]		
	合计	男	女	合计	男	女
2010	31.0	30.9	31.1	10.1	9.9	10.2
2011	41.0	40.9	41.0	9.0	8.9	9.0
2012	48.4	48.5	48.4	8.4	8.2	8.5
2013	52.9	52.9	53.0	8.1	8.0	8.2
2014	55.3	55.0	57.6	7.9	7.9	8.0
2015	58.7	58.8	58.7	7.9	7.8	8.1
2016	59.7	59.7	59.8	8.0	7.9	8.2
2017	61.4	61.4	61.4	8.2	7.9	8.4
2018	61.1	61.1	61.1	8.4	7.9	9.0
2019	62.4	62.4	62.4	8.4	8.0	9.0

资料来源：国家卫生健康委员会。
[1]注：检出疾病人数与实查人数之比乘以100%。

表2.15 计划生育手术情况

单位：万例、万人

年份	节育手术总例数	放置宫内节育器例数	取出宫内节育器例数	输精管结扎人数	输卵管结扎人数	人工流产人数
2010	2216	754	282	22	170	636
2011	2195	730	282	20	160	663
2012	2176	720	284	17	156	669
2013	2035	681	279	16	137	624
2014	2418	848	353	18	147	962
2015	2379	823	353	15	123	985
2016	2099	532	473	4	49	965
2017	1904	464	394	2	41	963
2018	1842	377	347	5	40	974
2019	1640	301	326	5	24	976

资料来源：国家卫生健康委员会。

三、教育

表3.1 全国各级各类学校数

单位：所

年 份	普通高等学校	普通高中	中等职业教育	初中	普通小学	特殊教育	学前教育
2010	2358	14058	13862	54890	257410	1706	150420
2011	2409	13688	13083	54117	241249	1767	166750
2012	2442	13509	12654	53216	228585	1853	181251
2013	2491	13352	12262	52804	213529	1933	198553
2014	2529	13253	11878	52623	201377	2000	209881
2015	2560	13240	11202	52405	190525	2053	223683
2016	2596	13383	10893	52118	177633	2080	239812
2017	2631	13555	10671	51894	167009	2107	254950
2018	2663	13737	10229	51982	161811	2152	266677
2019	2688	13964	10078	52415	160148	2192	281174

资料来源：教育部。

表3.2 各级学校生师比（教师人数＝1）

年 份	普通小学	初中	普通高中	中等职业学校	普通高校
2010	17.70	14.98	15.99	25.69	17.33
2011	17.71	14.38	15.77	24.97	17.42
2012	17.36	13.59	15.47	24.19	17.52
2013	16.76	12.76	14.95	22.97	17.53
2014	16.78	12.57	14.44	21.34	17.68
2015	17.05	12.41	14.01	20.47	17.73
2016	17.12	12.41	13.65	19.84	17.07
2017	16.98	12.52	13.39	18.98	17.52
2018	16.97	12.79	13.10	19.10	17.56
2019	16.85	12.88	12.99	18.94	17.95

资料来源：教育部。

表3.3 全国各级教育入学率及升学率

单位:%

年 份	学前教育毛入园率	小学学龄儿童净入学率	#女	初中阶段毛入学率	九年义务教育巩固率
2010	56.6	99.7	99.7	100.1	91.1
2011	62.3	99.8	99.8	100.1	91.5
2012	64.5	99.9	99.9	102.1	91.8
2013	67.5	99.7	99.7	104.4	92.3
2014	70.5	99.8	99.8	103.5	92.6
2015	75.0	99.9	99.9	104.0	93.0
2016	77.4	99.9	99.9	104.0	93.4
2017	79.6	99.9	99.9	103.5	93.8
2018	81.7	100.0	100.0	100.9	94.2
2019	83.4	99.9	99.9	102.6	94.8

资料来源:教育部。

表3.3 续表

单位:%

年 份	高中阶段毛入学率	高等教育毛入学率	小学升学率	初中升学率
2010	82.5	26.5	98.7	87.5
2011	84.0	26.9	98.3	88.9
2012	85.0	30.0	98.3	88.4
2013	86.0	34.5	98.3	91.2
2014	86.5	37.5	98.0	95.1
2015	87.0	40.0	98.2	94.1
2016	87.5	42.7	98.7	93.7
2017	88.3	45.7	98.8	94.9
2018	88.8	48.1	99.1	95.2
2019	89.5	51.6	99.5	94.5

表3.4　2019年各级各类学校教职工人数及性别构成

类别	教职工数（万人）	#女	性别构成(%) 男	性别构成(%) 女
高等教育				
#普通高等学校	256.7	128.0	50.1	49.9
成人高等学校	3.6	1.9	47.7	52.3
中等教育				
高中阶段教育				
高中	283.6	160.1	43.6	56.4
#普通高中	283.4	160.0	43.6	56.4
中等职业教育				
#普通中专	39.9	20.5	48.6	51.4
成人中专	5.0	2.5	49.3	50.7
职业高中	34.0	18.1	46.8	53.2
初中阶段教育				
初中	435.0	253.2	41.8	58.2
成人初中（人）	1983	1092	44.9	55.1
初等教育				
#普通小学	585.3	397.6	32.1	67.9
工读学校（人）	2822	1255	55.5	44.5
特殊教育	7.2	5.1	28.7	71.3
学前教育	491.6	453.6	7.7	92.3

资料来源：教育部。
注：九年一贯制学校的教职工数计入初中阶段教育，十二年一贯制学校的教职工数计入高中阶段教育。

表3.4 续表

类 别	专任教师（万人）	#女	性别构成(%)	
			男	女
高等教育				
#普通高等学校	174.0	88.3	49.2	50.8
成人高等学校	2.1	1.2	43.2	56.8
中等教育				
高中阶段教育				
高中	186.1	101.9	45.3	54.7
#普通高中	185.9	101.8	45.3	54.7
中等职业教育				
#普通中专	31.0	16.8	45.6	54.4
成人中专	3.8	2.1	45.5	54.5
职业高中	28.5	15.9	44.1	55.9
初中阶段教育				
初中	374.7	216.6	42.2	57.8
成人初中(人)	1764	1006	43.0	57.0
初等教育				
#普通小学	626.9	438.9	30.0	70.0
工读学校(人)	2157	1063	50.7	49.3
特殊教育	6.2	4.6	25.7	74.3
学前教育	276.3	270.2	2.2	97.8

资料来源：教育部。

表3.5 2019年普通高校专任教师按学历、年龄分人数及性别构成

类别	人数（人）	#女	性别构成(%)	
			男	女
合 计	1740145	883138	49.2	50.8
按学历分：				
博士	475787	176317	62.9	37.1
硕士	639922	388586	39.3	60.7
本科	610369	312891	48.7	51.3
专科及以下	14067	5344	62.0	38.0
按年龄分：				
29岁及以下	188502	121695	35.4	64.6
30—34岁	306285	174650	43.0	57.0
35—39岁	387084	213897	44.7	55.3
40—44岁	293724	149179	49.2	50.8
45—49岁	215964	99152	54.1	45.9
50—54岁	174842	73934	57.7	42.3
55—59岁	136010	41225	69.7	30.3
60—64岁	27650	7218	73.9	26.1
65岁及以上	10084	2188	78.3	21.7

资料来源：教育部。

表3.6　2019年普通高校专任教师按授课内容分人数及性别构成

授课内容	人数（人）	#女	性别构成(%)	
			男	女
合计	1654752	844075	49.0	51.0
公共课基础课	390268	218247	44.1	55.9
专业课	1264484	625828	50.5	49.5
#双师型	376473	193963	48.5	51.5

资料来源：教育部。

表3.7　2019年普通高校专任教师按未任课原因分人数及性别构成

未任课原因	人数（人）	#女	性别构成(%)	
			男	女
合计	85393	39063	54.3	45.7
进修	23152	11788	49.1	50.9
科研	17870	5875	67.1	32.9
病休	2609	1681	35.6	64.4
其他	41762	19719	52.8	47.2

资料来源：教育部。

表3.8 2019年普通高中专任教师按学历、专业技术职务分人数及性别构成

类别	人数（人）	#女	性别构成(%) 男	性别构成(%) 女
合计	1859242	1017816	45.3	54.7
按学历分：				
研究生毕业	197002	135831	31.1	68.9
本科毕业	1636615	873613	46.6	53.4
专科毕业	25257	8270	67.3	32.7
高中阶段毕业	349	96	72.5	27.5
高中阶段毕业以下	19	6	68.4	31.6
按专业技术职务分：				
正高级	4623	1257	72.8	27.2
副高级	513213	206025	59.9	40.1
中级	681882	369162	45.9	54.1
助理级	454822	303446	33.3	66.7
员级	17787	11381	36.0	64.0
未定职级	186915	126545	32.3	67.7

资料来源：教育部。

表3.9　2019年初中专任教师按学历、专业技术职务分人数及性别构成

类　别	人　数 （人）	#女	性别构成(%)	
			男	女
合　计	3747429	2165951	42.2	57.8
按学历分：				
研究生毕业	131646	102815	21.9	78.1
本科毕业	3141892	1880356	40.2	59.8
专科毕业	469255	181604	61.3	38.7
高中阶段毕业	4496	1140	74.6	25.4
高中阶段毕业以下	140	36	74.3	25.7
按专业技术职务分：				
正高级	1912	868	54.6	45.4
副高级	742917	342194	53.9	46.1
中　级	1521323	815118	46.4	53.6
助理级	979660	652550	33.4	66.6
员　级	56799	37865	33.3	66.7
未定职级	444818	317356	28.7	71.3

资料来源：教育部。

表3.10 2019年普通小学专任教师按学历、专业技术职务分人数及性别构成

类别	人数（人）	#女	性别构成(%)	
			男	女
合计	6269084	4389430	30.0	70.0
按学历分：				
研究生毕业	85135	72878	14.4	85.6
本科毕业	3833676	2934510	23.5	76.5
专科毕业	2178498	1328809	39.0	61.0
高中阶段毕业	170109	52761	69.0	31.0
高中阶段毕业以下	1666	472	71.7	28.3
按专业技术职务分：				
正高级	931	587	36.9	63.1
副高级	449831	243193	45.9	54.1
中级	2773945	1759459	36.6	63.4
助理级	1860741	1416699	23.9	76.1
员级	189220	149348	21.1	78.9
未定职级	994416	820144	17.5	82.5

资料来源：教育部。

表3.11 2019年特殊教育专任教师按学历、专业技术职务分人数及性别构成

类别	人数（人）	#女	性别构成(%) 男	性别构成(%) 女
合计	62358	46303	25.7	74.3
按学历分：				
研究生毕业	1632	1350	17.3	82.7
本科毕业	43618	32915	24.5	75.5
专科毕业	16186	11466	29.2	70.8
高中阶段毕业	906	561	38.1	61.9
高中阶段毕业以下	16	11	31.3	68.8
按专业技术职务分：				
正高级	44	28	36.4	63.6
副高级	9392	6129	34.7	65.3
中级	27358	19781	27.7	72.3
助理级	16294	12660	22.3	77.7
员级	2020	1606	20.5	79.5
未定职级	7250	6099	15.9	84.1

资料来源：教育部。

表3.12 2019年各级各类学校在校学生数及性别构成

类别	人数(万人)	#女	性别构成(%) 男	女
高等教育				
研究生	286.4	144.8	49.4	50.6
普通本专科	3031.5	1567.9	48.3	51.7
成人本专科	668.6	392.3	41.3	58.7
网络本专科	857.8	388.0	54.8	45.2
中等教育				
高中阶段教育	3994.9	1882.0	52.9	47.1
#普通高中	2414.3	1224.3	49.3	50.7
初中阶段教育	4837.4	2245.9	53.6	46.4
初中	4827.1	2240.8	53.6	46.4
成人初中	10.3	5.1	50.9	49.1
初等教育	10603.5	4940.7	53.4	46.6
#普通小学	10561.2	4916.5	53.4	46.6
工读学校(人)	6488	1346	79.3	20.7
特殊教育	79.5	29.1	63.3	36.7
学前教育	4713.9	2212.6	53.1	46.9

资料来源:教育部。

表3.13 2019年研究生在校生人数及性别构成

类别	人数（人）	#女	性别构成(%) 男	女
合 计	2863712	1447939	49.4	50.6
博士	424182	175259	58.7	41.3
硕士	2439530	1272680	47.8	52.2
普通高校	2834792	1435116	49.4	50.6
博士	416856	172665	58.6	41.4
硕士	2417936	1262451	47.8	52.2
科研机构	28920	12823	55.7	44.3
博士	7326	2594	64.6	35.4
硕士	21594	10229	52.6	47.4

资料来源：教育部。

表3.14 2019年普通本专科学生人数及性别构成

类别	人数（人）	#女	性别构成(%) 男	女
毕业生数	7585298	4068860	46.4	53.6
本科	3947157	2184661	44.7	55.3
专科	3638141	1884199	48.2	51.8
招生数	9149026	4956560	45.8	54.2
本科	4312880	2488266	42.3	57.7
专科	4836146	2468294	49.0	51.0
在校生数	30315262	15679080	48.3	51.7
本科	17508204	9436918	46.1	53.9
专科	12807058	6242162	51.3	48.7

资料来源：教育部。

表3.15 2019年成人本专科学生人数及性别构成

类别	人数（人）	#女	性别构成(%)	
			男	女
毕业生数	2131369	1255515	41.1	58.9
本科	1016733	635582	37.5	62.5
专科	1114636	619933	44.4	55.6
招生数	3022088	1739845	42.4	57.6
本科	1505520	920880	38.8	61.2
专科	1516568	818965	46.0	54.0
在校生数	6685603	3923290	41.3	58.7
本科	3413174	2112620	38.1	61.9
专科	3272429	1810670	44.7	55.3

资料来源：教育部。

表3.16 2019年网络本专科学生人数及性别构成

类别	人数（人）	#女	性别构成(%)	
			男	女
毕业生数	2323128	1121601	51.7	48.3
本科	801508	416970	48.0	52.0
专科	1521620	704631	53.7	46.3
招生数	2885458	1275879	55.8	44.2
本科	1006897	483618	52.0	48.0
专科	1878561	792261	57.8	42.2
在校生数	8578345	3879772	54.8	45.2
本科	2941610	1440060	51.0	49.0
专科	5636735	2439712	56.7	43.3

资料来源：教育部。

表3.17 2019年高中阶段教育在校生人数及性别构成

类别	人数（万人）	#女	性别构成(%)	
			男	女
合计	3994.9	1882.0	52.9	47.1
高中	2418.4	1226.5	49.3	50.7
普通高中	2414.3	1224.3	49.3	50.7
成人高中	4.1	2.2	46.0	54.0
中等职业教育	1576.5	655.5	58.4	41.6
普通中专	703.6	328.8	53.3	46.7
成人中专	106.8	46.0	57.0	43.0
职业高中	405.7	170.3	58.0	42.0
技工学校	360.3	110.5	69.3	30.7

资料来源:教育部。

表3.18 2019年义务教育阶段学生人数及性别构成

类别	人数（万人）	#女	性别构成(%)	
			男	女
毕业生数	3102.0	1442.2	53.5	46.5
初中	1454.1	678.1	53.4	46.6
普通小学	1647.9	764.1	53.6	46.4
招生数	3507.9	1633.3	53.4	46.6
初中	1638.8	760.5	53.6	46.4
普通小学	1869.0	872.8	53.3	46.7
在校生数	15388.4	7157.3	53.5	46.5
初中	4827.1	2240.8	53.6	46.4
普通小学	10561.2	4916.5	53.4	46.6

资料来源:教育部。

表3.19　2019年学前教育、特殊教育及工读学校学生人数及性别构成

类别	人数（万人）	#女	性别构成(%)	
			男	女
毕业生数				
学前教育	1765.2	827.1	53.1	46.9
特殊教育	9.8	3.5	64.1	35.9
工读学校(人)	3449	662	80.8	19.2
招生数				
学前教育	1688.2	797.8	52.7	47.3
特殊教育	14.4	5.4	62.5	37.5
工读学校(人)	3792	788	79.2	20.8
在校生数				
学前教育	4713.9	2212.6	53.1	46.9
特殊教育	79.5	29.1	63.3	36.7
工读学校(人)	6488	1346	79.3	20.7

资料来源：教育部。

表3.20　2019年进城务工人员子女义务教育阶段在校生人数及性别构成

类别	人数（万人）	#女	性别构成(%)	
			男	女
普通小学：				
进城务工人员随迁子女	1042.0	466.1	55.3	44.7
外省迁入	455.6	202.2	55.6	44.4
本省外县迁入	586.4	263.8	55.0	45.0
农村留守儿童	925.4	430.9	53.4	46.6
初中：				
进城务工人员随迁子女	384.9	170.7	55.7	44.3
外省迁入	155.9	68.0	56.4	43.6
本省外县迁入	229.0	102.7	55.1	44.9
农村留守儿童	459.0	214.7	53.2	46.8

资料来源：教育部。

表3.21　2019年6岁及以上人口受教育程度及性别构成

受教育程度	样本人口数（人）	#女	性别构成(%)	
			男	女
合 计	1016417	498764	50.9	49.1
未上过学	51892	37178	28.4	71.6
小学	257030	135591	47.2	52.8
初中	379039	175189	53.8	46.2
普通高中	132219	58336	55.9	44.1
中职	48066	21485	55.3	44.7
大学专科	77946	36551	53.1	46.9
大学本科	63739	31289	50.9	49.1
研究生	6485	3144	51.5	48.5

资料来源：国家统计局,2019年全国人口变动情况抽样调查样本数据,抽样比为0.780‰。

表3.22　分性别文盲人口占15岁及以上人口的比重

单位：%

年 份	文盲人口占15岁及以上人口的比重	男	女
2011	5.21	2.73	7.77
2012	4.96	2.67	7.32
2013	4.60	2.53	6.73
2014	4.92	2.51	7.40
2015	5.42	2.89	8.01
2016	5.28	2.74	7.89
2017	4.85	2.42	7.34
2018	4.94	2.42	7.52
2019	4.59	2.22	7.01

资料来源:国家统计局，历年中国统计年鉴。
注:本表文盲人口指15岁及以上不识字及识字很少的人口。

表3.23　全国6-17岁儿童在校率

单位：%

类别		2000年	2010年	2015年
合　计		**86.1**	**91.8**	**93.0**
分城乡：	城镇	90.1	93.7	94.2
	农村	84.4	90.3	91.9
	贫困地区农村		88.9	90.3
分性别：	男性	87.1	91.6	92.6
	女性	85.1	92.1	93.4
分民族：	汉族	87.2	92.4	93.4
	少数民族	77.1	87.0	88.1
受流动影响的儿童	流动儿童	77.6	88.0	90.7
	农村留守儿童	89.4	91.4	92.7

数据来源：国家统计局、联合国儿童基金会、联合国人口基金，《2015年中国儿童人口状况：事实与数据》，2017年。

注：流动儿童、留守儿童、分民族、贫困地区农村根据相关年份微观数据计算，其他分组根据汇总资料计算整理。下同。

表3.24　2015年6-17岁儿童分城乡在校率

单位：%

类别	合计	6-11岁	12-14岁	15-17岁
合计	**93.0**	**94.8**	**96.7**	**85.6**
男性	92.6	94.8	96.6	84.2
女性	93.4	94.8	96.8	87.3
城镇	**94.2**	**95.0**	**97.2**	**89.8**
男性	93.8	94.9	97.1	88.6
女性	94.6	95.0	97.2	91.4
农村	**91.9**	**94.7**	**96.3**	**81.5**
男性	91.5	94.7	96.2	79.9
女性	92.4	94.7	96.5	83.5

数据来源：国家统计局、联合国儿童基金会、联合国人口基金，《2015年中国儿童人口状况：事实与数据》，2017年。

表3.25 全国6-17岁儿童未按规定接受或完成义务教育的比重

单位:%

类别		2000年	2010年	2015年
合计		7.1	3.0	3.6
分城乡:	城镇	3.9	2.0	3.0
	农村	8.6	3.9	4.1
	贫困地区农村		5.8	5.4
分性别:	男性	6.3	3.1	3.7
	女性	8.1	3.0	3.5
分民族:	汉族	6.1	2.7	3.1
	少数民族	17.7	7.2	7.4
受流动影响的儿童:	流动儿童	8.4	2.7	3.3
	农村留守儿童	6.7	3.7	4.1

数据来源:国家统计局、联合国儿童基金会、联合国人口基金,《2015年中国儿童人口状况:事实与数据》,2017年。

表3.26 各类家长学校情况

年份	家长学校数(万个)	培训人次(万人次)
2010	49.0	
2011	60.0	3384.0
2012	61.0	3389.0
2013	63.0	4223.0
2014	56.8	4335.4
2015	42.9	7309.1
2016	40.4	7425.5
2017	36.8	3456.6
2018	35.2	5370.2
2019	36.3	5497.8

资料来源:全国妇联。
注:家长学校数仅含妇联系统和教育系统。

图3.1 义务教育阶段在校残疾学生数

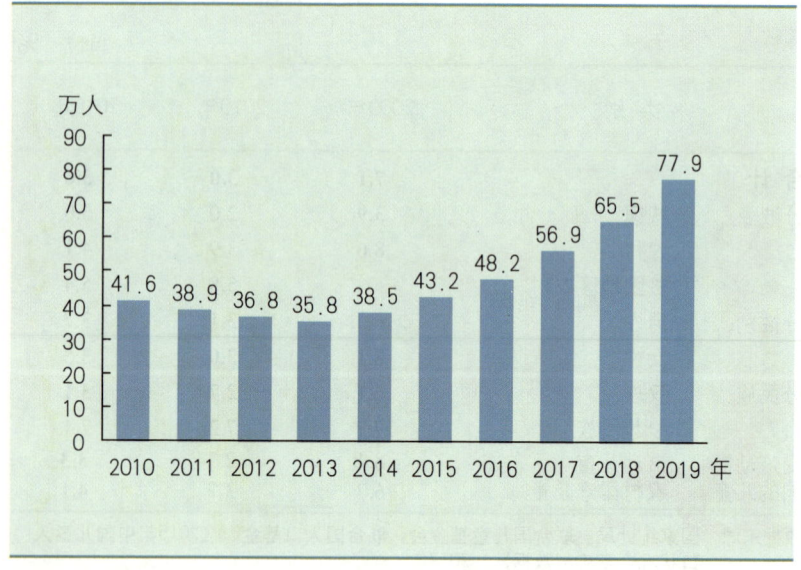

数据来源：教育部。

表3.27 助学项目资助的残疾儿童人数及性别构成（3—5岁）

年 份	人 数（人）	#女	性别构成（%）	
			男	女
2012	10280	3977	61.3	38.7
2013	10468	4008	61.7	38.3
2014	11528	4281	62.9	37.1
2015	12127	4552	62.5	37.5
2016	14412	5191	64.0	36.0
2017	18685	6671	64.3	35.7
2018	17216	6288	63.5	36.5
2019	15393	5629	63.4	36.6

资料来源：中国残联。
注：助学项目指残疾人事业专项彩票公益金助学项目。

四、就业与社会保障

表4.1 就业人员及性别构成

年 份	就业人员（万人）	性别构成(%)	
		男	女
2010	76105	55.3	44.7
2011	76420	55.3	44.7
2012	76704	55.2	44.8
2013	76977	55.0	45.0
2014	77253	55.2	44.8
2015	77451	57.1	42.9
2016	77603	56.9	43.1
2017	77640	56.5	43.5
2018	77586	56.3	43.7
2019	77471	56.8	43.2

资料来源：国家统计局，《中国人口和就业统计年鉴2020》。

表4.2 城镇单位就业人员及性别构成

年 份	城镇单位就业人员（万人）	#女	性别构成(%)	
			男	女
2010	13052	4862	62.8	37.2
2011	14413	5228	63.7	36.3
2012	15236	5459	64.2	35.8
2013	18108	6338	65.0	35.0
2014	18278	6546	64.2	35.8
2015	18063	6527	63.9	36.1
2016	17888	6518	63.6	36.4
2017	17644	6545	62.9	37.1
2018	17258	6428	62.8	37.2
2019	17162	6684	61.1	38.9

资料来源：国家统计局，《中国人口和就业统计年鉴2020》。

表4.3 城镇登记失业人员、性别构成及城镇登记失业率

年 份	城镇登记失业人员（万人）	性别构成(%) 男	性别构成(%) 女	城镇登记失业率(%)
2010	908	58.7	41.3	4.1
2011	922	58.9	41.1	4.1
2012	917	57.4	42.6	4.1
2013	926	58.7	41.3	4.1
2014	952	57.5	42.5	4.1
2015	966	58.3	41.7	4.1
2016	982	55.7	44.3	4.0
2017	972	56.9	43.1	3.9
2018	974	55.9	44.1	3.8
2019	945	52.0	48.0	3.6

资料来源：人力资源和社会保障部。

表4.4 实现就业的就业困难人数及性别构成

年 份	人数（人）	#女	性别构成(%) 男	性别构成(%) 女
2018	2674141	1313687	50.9	49.1
2019	2694613	1313417	51.3	48.7

资料来源：人力资源和社会保障部。

表4.5　城镇职工基本养老保险参保人数及性别构成

年份	参保人数（万人）	#女	性别构成(%)	
			男	女
2010	25707	11202	56.4	43.6
2011	28391	12575	55.7	44.3
2012	30427	13829	54.6	45.4
2013	32218	14612	54.6	45.4
2014	34124	15463	54.7	45.3
2015	35361	15715	55.6	44.4
2016	37930	17663	53.4	46.6
2017	40293	17709	56.0	44.0
2018	41902	18667	55.5	44.5
2019	43488	19801	54.5	45.5

资料来源：人力资源和社会保障部。
注：女性数据未包括中央单位。

表4.6　2019年城乡居民基本养老保险参保人数及性别构成

类别	参保人数（万人）	#女	性别构成(%)	
			男	女
城乡居民基本养老保险	53266	25449	52.2	47.8
城镇居民	2358	1238	47.5	52.5
农村居民	50908	24211	52.4	47.6

资料来源：人力资源和社会保障部。
注：女性数据为不完全统计数。

表4.7　职工基本医疗保险参保人数及性别构成

年份	参保人数（万人）	#女	性别构成(%)	
			男	女
2010	23735	10537	55.6	44.4
2011	25227	11398	54.8	45.2
2012	26486	12207	53.9	46.1
2013	27443	12657	53.9	46.1
2014	28296	13013	54.0	46.0
2015	28893	13512	53.2	46.8
2016	29532	13852	53.1	46.9
2017	30323	14302	52.8	47.2
2018	31681	14945	52.8	47.2
2019	32925	15790	52.0	48.0

资料来源：2018年及以后为国家医疗保障局，其他年份为人力资源和社会保障部。

表4.8　城乡居民基本医疗保险参保人数及性别构成

年份	参保人数（万人）	#女	性别构成(%)	
			男	女
2011	22116	7531	65.9	34.1
2012	27156	10996	59.5	40.5
2013	29629	12174	58.9	41.1
2014	31451	13900	55.8	44.2
2015	37689	17177	54.4	45.6
2016	44860	18946	57.8	42.2
2017	87359	38062	56.4	43.6
2018	102778	39345	61.7	38.3
2019	102483	47120	54.0	46.0

资料来源：2018年及以后为国家医疗保障局，其他年份为人力资源和社会保障部。
注：2016年及以前年份为城镇居民。

表4.9 失业保险参保人数及性别构成

年份	参保人数（万人）	#女	性别构成(%)	
			男	女
2010	13376	5149	61.5	38.5
2011	14317	5815	59.4	40.6
2012	15225	6304	58.6	41.4
2013	16417	6862	58.2	41.8
2014	17043	7145	58.1	41.9
2015	17326	7294	57.9	42.1
2016	18089	7551	58.3	41.7
2017	18784	7950	57.7	42.3
2018	19643	8341	57.5	42.5
2019	20543	8677	57.8	42.2

资料来源：人力资源和社会保障部。

表4.10 工伤保险参保人数及性别构成

年份	参保人数（万人）	#女	性别构成(%)	
			男	女
2010	16161	5699	64.7	35.3
2011	17696	6202	65.0	35.0
2012	19010	7145	62.4	37.6
2013	19917	7537	62.2	37.8
2014	20639	8070	60.9	39.1
2015	21432	8074	62.3	37.7
2016	21889	8128	62.9	37.1
2017	22724	8594	62.2	37.8
2018	23874	9313	61.0	39.0
2019	25478	9684	62.0	38.0

资料来源：人力资源和社会保障部。

表4.11　生育保险参保人数及性别构成

年　份	参保人数（万人）	#女	性别构成(%)	
			男	女
2010	12336	5367	56.5	43.5
2011	13892	6033	56.6	43.4
2012	15429	6700	56.6	43.4
2013	16392	7117	56.6	43.4
2014	17039	7407	56.5	43.5
2015	17771	7712	56.6	43.4
2016	18451	8020	56.5	43.5
2017	19300	8428	56.3	43.7
2018	20434	8927	56.3	43.7
2019	21417	9343	56.4	43.6

资料来源：2018年及以后为国家医疗保障局，其他年份为人力资源和社会保障部。

图4.1　16-17周岁儿童劳动参与率，2000年、2010年和2015年

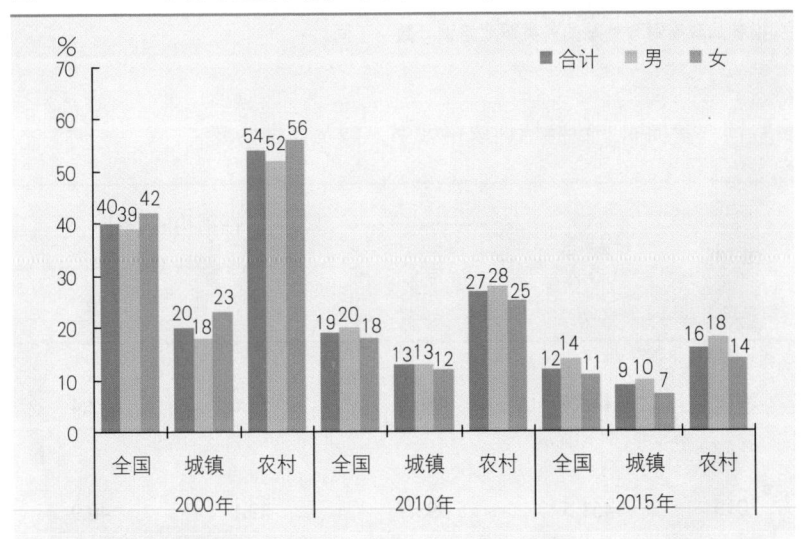

数据来源：国家统计局、联合国儿童基金会、联合国人口基金，《2015年中国儿童人口状况：事实与数据》，2017年。

表4.12 由就业培训中心和民办职业培训机构举办的职业技能培训人数及性别构成

年份	培训人数（万人）	#女	性别构成(%)	
			男	女
2012	2049	853	58.4	41.6
2013	2049	882	57.0	43.0
2014	1935	824	57.4	42.6
2015	1908	762	60.1	39.9
2016	1775	755	57.4	42.6
2017	1690	749	55.7	44.3
2018	1651	743	55.0	45.0
2019	1877	873	53.5	46.5

资料来源：人力资源和社会保障部。
注：指参加政府财政补贴的各类职业培训人数。下同。

表4.13 参加职业技能培训取得证书人数及性别构成

年份	人数（万人）	#女	性别构成(%)	
			男	女
2018	1133.6	480.9	57.6	42.4
2019	1451.5	593.7	59.1	40.9

资料来源：人力资源和社会保障部。

表4.14 参加职业技能培训实现就业人数及性别构成

年份	人数(万人)	#女	性别构成(%)	
			男	女
2018	805.0	364.0	54.8	45.2
2019	825.4	378.2	54.2	45.8

资料来源:人力资源和社会保障部。
注:指参加政府财政补贴的各类职业培训人数。

表4.15 残疾人就业人数及性别构成

年份	人数(万人)	#女	性别构成(%)	
			男	女
2017	942.1	296.8	68.5	31.5
2018	948.4	298.2	68.6	31.4
2019	855.2	260.3	69.6	30.4

资料来源:中国残联。

图4.2 人力资源和社会保障部门查处违反女职工和未成年工特殊保护规定案件数

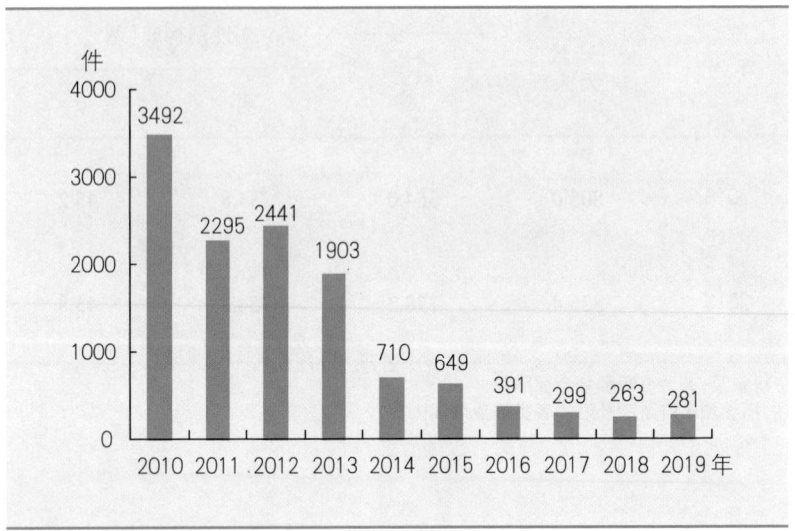

资料来源：人力资源和社会保障部。

图4.3 执行了《女职工劳动保护特别规定》的企业比重

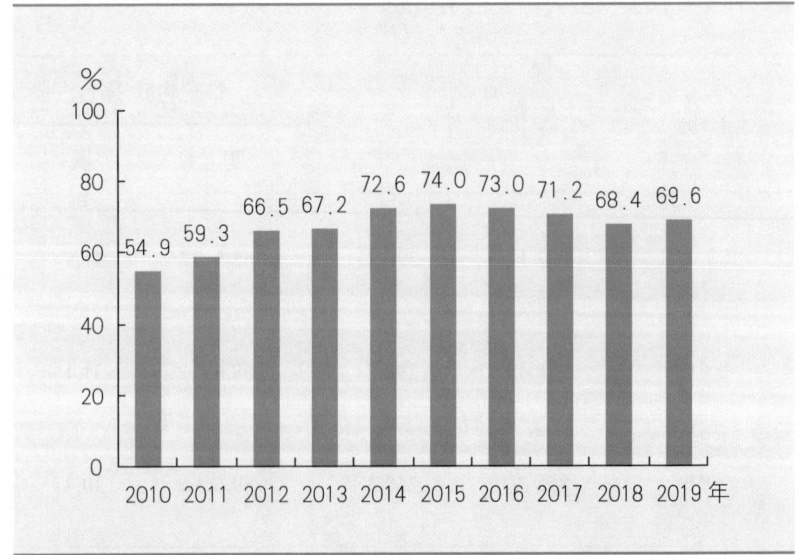

资料来源：全国总工会。

五、社会服务

表5.1　城市居民最低生活保障人数

年 份	城市居民最低生活保障人数（万人）	#女	性别构成(%)	
			男	女
2010	2310.5	943.4	59.2	40.8
2011	2276.8	920.2	59.6	40.4
2012	2143.5	889.9	58.5	41.5
2013	2064.2	867.0	58.0	42.0
2014	1877.0	792.4	57.8	42.2
2015	1701.1	727.1	57.3	42.7
2016	1480.2	643.6	56.5	43.5
2017	1261.0	561.4	55.5	44.5
2018	1007.0	451.6	55.2	44.8
2019	860.9	386.3	55.1	44.9

资料来源：民政部。

表5.2　农村居民最低生活保障人数

年 份	农村居民最低生活保障人数（万人）	#女	性别构成(%)	
			男	女
2010	5214.0	1673.4	67.9	32.1
2011	5305.7	1700.6	67.9	32.1
2012	5344.5	1814.5	66.0	34.0
2013	5388.0	1866.5	65.4	34.6
2014	5207.2	1826.4	64.9	35.1
2015	4903.6	1795.0	63.4	36.6
2016	4586.5	1774.2	61.3	38.7
2017	4045.2	1649.2	59.2	40.8
2018	3519.1	1476.5	58.0	42.0
2019	3455.4	1502.8	56.5	43.5

资料来源：民政部。

表5.3 农村特困人员救助供养人数及性别构成

年 份	人 数（万人）	#女	性别构成(%)	
			男	女
2010	556.3	120.7	78.3	21.7
2011	551.0	115.6	79.0	21.0
2012	545.6	109.4	79.9	20.1
2013	537.3	102.0	81.0	19.0
2014	529.1	94.1	82.2	17.8
2015	516.8	87.2	83.1	16.9
2016	496.9	76.2	84.7	15.3
2017	466.9	61.5	86.8	13.2
2018	455.0	57.0	87.5	12.5
2019	439.1	47.0	89.3	10.7

资料来源：民政部。
注：2016年之前农村特困人员指农村五保人员，下同。

图5.1 农村特困人员救助供养人数中未成年人数

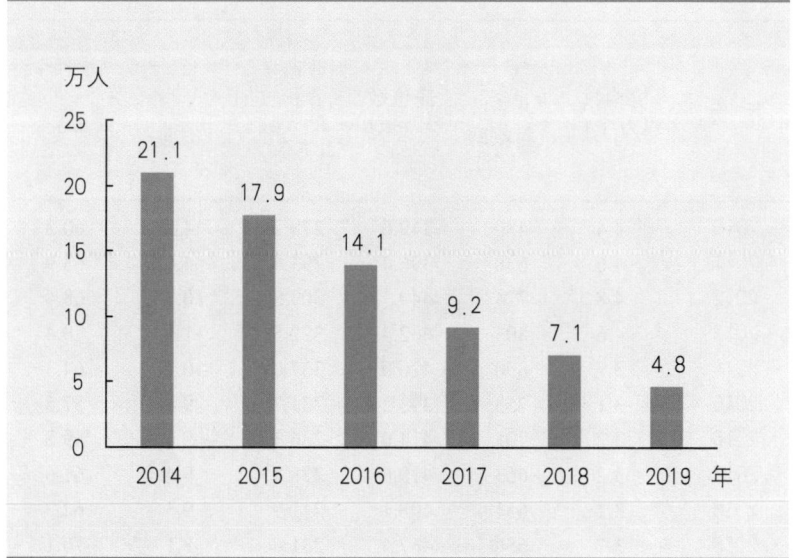

资料来源：民政部。

表5.4　城乡居民最低生活保障平均标准

单位：元／人月

年　份	城市	农村
2010	251.2	117.0
2011	287.6	143.2
2012	330.1	172.3
2013	373.3	202.8
2014	410.5	231.4
2015	451.1	264.8
2016	494.6	312.0
2017	540.6	358.4
2018	579.7	402.8
2019	624.0	444.6

资料来源：民政部。

表5.5　提供住宿的民政服务机构基本情况

年　份	机构数（万个）	#儿童收养救助（个）	床位数（万张）	收留抚养和救助人数（万人）	#儿童	#女
2010	4.4	480	349.6	278.2	4.2	60.2
2011	4.6	638	396.4	293.4	4.6	63.9
2012	4.8	724	449.3	309.5	10.8	68.4
2013	4.6	803	462.4	322.5	11.1	70.4
2014	3.7	890	426.0	337.0	10.3	64.3
2015	3.1	753	393.2	231.7	9.8	57.5
2016	3.2	705	414.0	236.3	9.6	59.8
2017	3.2	663	419.6	228.8	9.4	61.6
2018	3.1	651	408.1	211.9	9.3	62.7
2019	3.7	686	467.4	231.6	8.1	70.1

资料来源：民政部。

表5.6 孤儿总数

年份	合计（人）	集中养育	社会散居
2010	252110		
2011	509695	77144	432551
2012	570075	95251	474824
2013	548845	93899	454946
2014	525179	93522	431657
2015	502105	91712	410393
2016	460450	87502	372948
2017	409840	86025	323815
2018	305110	69760	235350
2019	233117	64482	168635

资料来源：民政部。
注：2012年以前福利机构抚养的儿童是孤儿，2013年以后含弃婴。

表5.7 家庭收养儿童情况

年份	家庭收养儿童数（人）	被中国公民收养	被外国公民收养	由福利机构抚养的儿童
2010	34473	29978	4495	1878
2011	31329	28117	3212	1679
2012	27310	23189	4121	1760
2013	24491	21261	3230	9657
2014	22876	20055	2821	10336
2015	22363	19430	2933	10704
2016	18736	15965	2771	8884
2017	18820	16592	2228	9115
2018	16267	14582	1685	8581
2019	13044	12074	970	3019

资料来源：民政部。

表5.8 被家庭收养的女童及残疾儿童数

单位：人

年份	女童	残疾儿童
2010	25203	2692
2011	23211	3086
2012	19658	3016
2013	17164	2632
2014	16158	2637
2015	14751	3290
2016	12586	2554
2017	12425	2154
2018	10355	1479
2019	8159	906

资料来源：民政部。

表5.9 社区服务建设

年份	社区服务机构和设施（万个）	社区服务中心（个）	基层组织中持有证书的专业社会工作者人数（人）
2010	15.3	12720	9119
2011	16.0	14391	8811
2012	20.0	15497	13781
2013	25.2	19014	17905
2014	31.1	23088	19848
2015	36.1	24138	23012
2016	38.6	23493	30761
2017	40.7	25015	38425
2018	42.7	27635	46888
2019	52.8	27489	60663

资料来源：民政部。

表5.10　生活无着落人员救助管理站基本情况

年 份	单位数（个）	职工人数（人）	#女	救助人次（万人次）	#儿童	#女
2010	1448	15118	5053	164.3	12.1	30.4
2011	1547	15668	5291	231.3	13.9	36.5
2012	1770	16866	5743	221.5	11.1	37.4
2013	1891	17587	5924	289.1	14.4	60.0
2014	1949	17848	5977	295.3	11.6	56.9
2015	1766	17419	5939	318.7	10.2	60.3
2016	1736	17344	5982	283.5	11.2	46.2
2017	1623	17098	5985	163.1	5.9	25.2
2018	1534	16667	5813	119.8	5.4	16.5
2019	1545	16408	5750	131.5	4.4	12.7

资料来源：民政部。

表5.11　未成年人救助保护中心基本情况

年 份	单位数（个）	职工人数（人）	#女	救助人次（人次）	#儿童	#女
2010	145	1335	493	75521	24852	10935
2011	241	1679	611	62038	39851	7619
2012	261	2030	759	65316	41112	9695
2013	274	2043	761	70873	36139	9501
2014	345	2049	810	41979	41979	6954
2015	275	1751	668	47087	47087	5809
2016	240	1696	706	51554	51554	5709
2017	194	1474	583	34929	34929	4829
2018	176	1359	553	22053	22053	4201
2019	202	1792	756	17926	17926	3836

资料来源：民政部。

表5.12 残疾人事业助学项目资助3-5岁儿童人数

类别	2018年		2019年	
	人数(人)	构成(%)	人数(人)	构成(%)
残疾人事业专项彩票公益金助学项目资助	17216	100.0	15393	100.0
#女	6288		5629	
视力残疾	332	1.9	291	1.9
听力残疾	3225	18.7	2900	18.8
言语残疾	830	4.8	791	5.1
肢体残疾	3234	18.8	2652	17.2
智力残疾	5395	31.3	4927	32.0
精神残疾	1723	10.0	1598	10.4
多重残疾	2477	14.4	2234	14.5
其他残疾儿童学前教育助学项目资助	4993		7489	

资料来源：中国残联。

图5.2 开展残疾儿童康复的残疾人康复机构

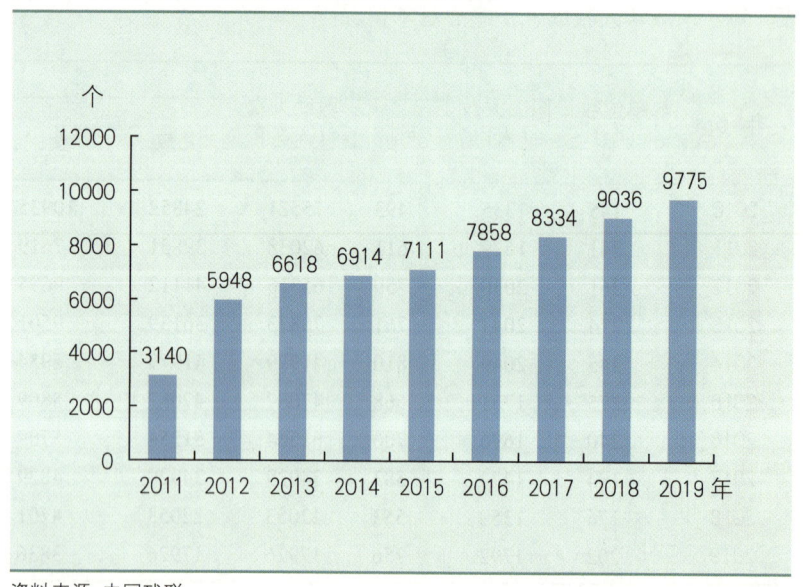

资料来源：中国残联。

图5.3 2019年0-6岁残疾儿童接受康复训练与服务人数（人）

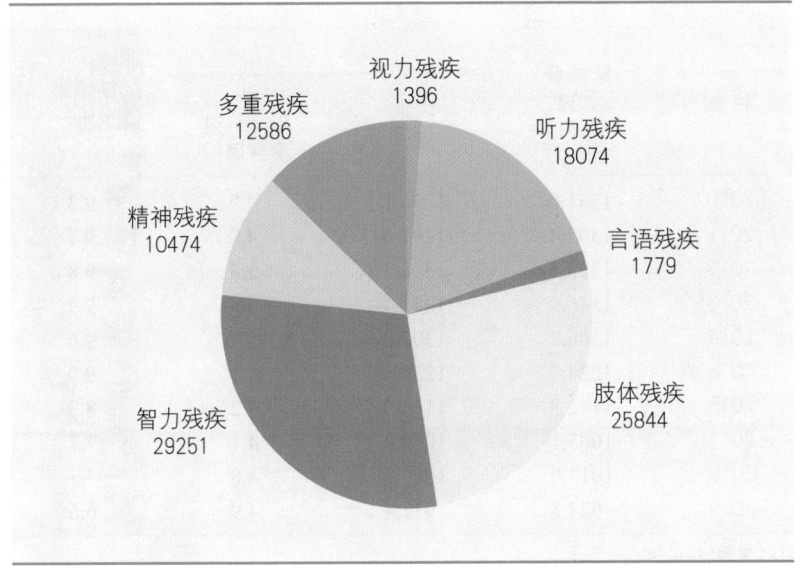

资料来源：中国残联。

表5.13 结婚登记人口婚姻状况

年 份	结婚登记人数（万人）	初婚	再婚	#女（万人）	#复婚（万对）
2010	2482.0	2200.9	281.1	138.8	19.0
2011	2604.8	2309.9	294.9	146.5	21.0
2012	2647.2	2361.2	286.0	145.8	23.0
2013	2693.8	2386.0	307.9	156.5	29.9
2014	2613.5	2286.8	326.7	168.7	34.8
2015	2449.4	2109.0	340.4	177.2	39.9
2016	2285.6	1913.3	372.4	195.0	47.4
2017	2126.2	1746.3	379.9	201.4	52.3
2018	2027.9	1598.7	429.2	230.6	56.3
2019	1854.7	1398.7	455.9	246.8	61.9

资料来源：民政部。

表5.14 结婚登记情况

年份	结婚登记总数（万对）	内地居民	涉外及华侨港澳台居民	结婚率（‰）
2010	1241.0	1236.1	4.9	9.3
2011	1302.4	1297.5	4.9	9.7
2012	1323.6	1318.3	5.3	9.8
2013	1346.9	1341.4	5.5	9.9
2014	1306.7	1302.0	4.7	9.6
2015	1224.7	1220.6	4.1	9.0
2016	1142.8	1138.6	4.2	8.3
2017	1063.1	1059.0	4.1	7.7
2018	1013.9	1009.1	4.8	7.3
2019	927.3	922.4	4.9	6.6

资料来源：民政部。

表5.15 离婚情况

年份	离婚总数（万对）	民政部门登记	内地居民	涉外及华侨港澳台居民(对)	法院部门办理（万件）	离婚率（‰）
2010	267.8	201.0	200.4	5783	66.8	2.0
2011	287.4	220.7	220.2	5761	66.7	2.1
2012	310.4	242.3	241.7	6161	68.1	2.3
2013	350.0	281.5	280.9	6538	68.5	2.6
2014	363.9	295.7	295.1	6714	67.9	2.7
2015	384.3	314.9	314.3	6237	69.3	2.8
2016	415.8	348.6	348.0	6315	67.2	3.0
2017	437.4	370.4	369.8	6307	66.9	3.2
2018	446.1	381.2	380.5	7567	64.9	3.2
2019	470.1	404.7	404.0	7104	65.3	3.4

资料来源：民政部。

六、社会参与

表6.1　历届全国人民代表大会代表人数及性别构成

届别及召开年份	人数（人）	#女	性别构成(%)	
			男	女
第一届(1954)	1226	147	88.0	12.0
第二届(1959)	1226	150	87.8	12.2
第三届(1964)	3040	542	82.2	17.8
第四届(1975)	2885	653	77.4	22.6
第五届(1978)	3497	740	78.8	21.2
第六届(1983)	2978	632	78.8	21.2
第七届(1988)	2970	634	78.7	21.3
第八届(1993)	2978	626	79.0	21.0
第九届(1998)	2979	650	78.2	21.8
第十届(2003)	2984	604	79.8	20.2
第十一届(2008)	2987	637	78.7	21.3
第十二届(2013)	2987	699	76.6	23.4
第十三届(2018)	2980	742	75.1	24.9

资料来源：全国人大。

图6.1　第九至十三届全国人大女常委比例

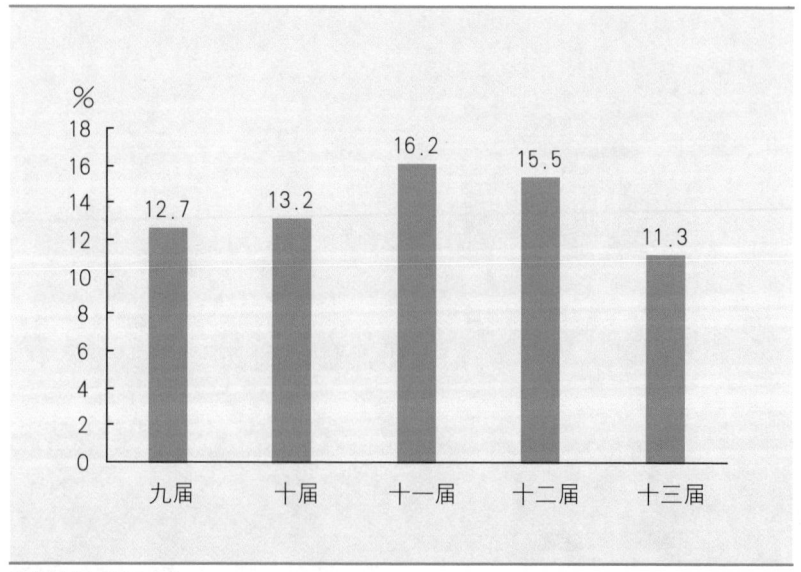

资料来源：中国政府网。

表6.2 历届全国政协委员人数及性别构成

届别及召开年份	人数（人）	#女	性别构成(%)	
			男	女
第一届(1949)	180	12	93.3	6.7
第二届(1954)	559	64	88.6	11.4
第三届(1959)	1071	87	91.9	8.1
第四届(1965)	1199	108	91.0	9.0
第五届(1978)	1988	261	86.9	13.1
第六届(1983)	2039	260	87.2	12.8
第七届(1988)	2081	289	86.1	13.9
第八届(1993)	2093	287	86.3	13.7
第九届(1998)	2196	341	84.5	15.5
第十届(2003)	2238	374	83.3	16.7
第十一届(2008)	2237	395	82.3	17.7
第十二届(2013)	2237	399	82.2	17.8
第十三届(2018)	2158	440	79.6	20.4

资料来源：全国政协。

图6.2 第九至十三届全国政协女常委比例

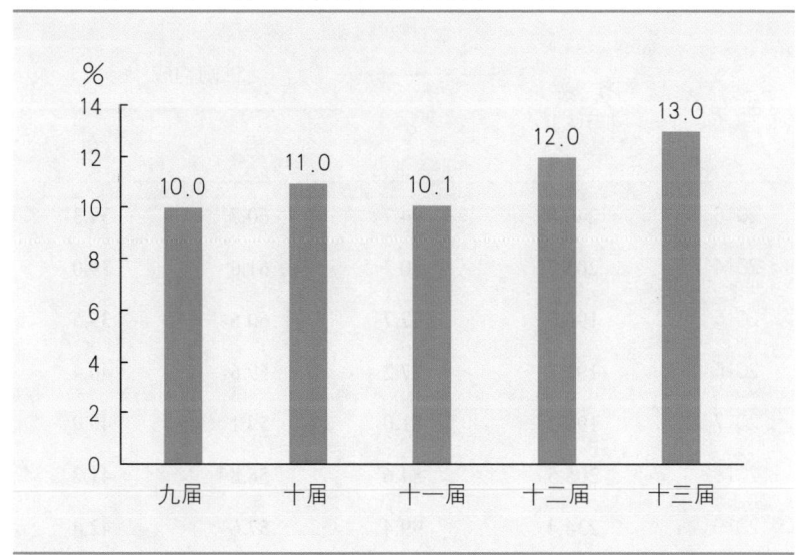

资料来源：全国政协。

表6.3 中国共产党基层组织情况

单位：万个

年 份	基层组织	基层党委	总支部	支部
2013	430.4	20.3	26.5	383.5
2014	436.0	20.9	27.1	388.0
2015	441.3	21.3	27.6	392.4
2016	451.8	22.0	27.7	402.1
2017	457.2	22.8	29.1	405.2
2018	461.0	23.9	29.9	407.2
2019	468.1	24.9	30.5	412.7

资料来源：中组部。

表6.4 中国共产党发展党员人数及性别构成

年 份	人数（万人）	#女	性别构成（%）	
			男	女
2013	240.8	94.7	60.7	39.3
2014	205.7	80.2	61.0	39.0
2015	196.5	77.7	60.5	39.5
2016	191.1	77.2	59.6	40.4
2017	198.2	81.0	59.1	40.9
2018	205.5	84.6	58.8	41.2
2019	234.4	99.4	57.6	42.4

资料来源：中组部。

表6.5 中国共产党党员人数及性别构成

年份	人数（万人）	#女	性别构成(%)	
			男	女
2010	8026.9	1803.0	77.5	22.5
2011	8260.2	1925.0	76.7	23.3
2012	8512.7	2026.9	76.2	23.8
2013	8668.6	2109.0	75.7	24.3
2014	8779.3	2167.2	75.3	24.7
2015	8875.8	2227.8	74.9	25.1
2016	8944.7	2298.2	74.3	25.7
2017	8956.4	2388.8	73.3	26.7
2018	9059.4	2466.5	72.8	27.2
2019	9191.4	2559.9	72.1	27.9

资料来源：中组部。

表6.6 中国共产党第十七至十九届代表大会代表人数及性别构成

届别及召开年份	人数（人）	#女	性别构成(%)	
			男	女
第十七届(2007)	2217	445	79.9	20.1
第十八届(2012)	2270	521	77.0	23.0
第十九届(2017)	2280	551	75.8	24.2

资料来源：人民网。

表6.7　中国共产党代表大会中央委员会委员人数及性别构成

届别及召开年份	中央委员（人）	#女	性别构成(%)	
			男	女
第八届(1956)	97	4	95.9	4.1
第九届(1969)	170	13	92.4	7.6
第十届(1973)	195	20	89.7	10.3
第十一届(1977)	201	14	93.0	7.0
第十二届(1982)	210	11	94.8	5.2
第十三届(1987)	175	10	94.3	5.7
第十四届(1992)	189	12	93.7	6.3
第十五届(1997)	193	8	95.9	4.1
第十六届(2002)	198	5	97.5	2.5
第十七届(2007)	204	13	93.6	6.4
第十八届(2012)	205	10	95.1	4.9
第十九届(2017)	204	10	95.1	4.9

资料来源：人民网。

表6.7　续表

届别及召开年份	中央候补委员（人）	#女	性别构成(%)	
			男	女
第八届(1956)	73	4	94.5	5.5
第九届(1969)	109	10	90.8	9.2
第十届(1973)	124	21	83.1	16.9
第十一届(1977)	132	24	81.8	18.2
第十二届(1982)	138	13	90.6	9.4
第十三届(1987)	110	12	89.1	10.9
第十四届(1992)	130	12	90.8	9.2
第十五届(1997)	151	17	88.7	11.3
第十六届(2002)	158	22	86.1	13.9
第十七届(2007)	167	24	85.6	14.4
第十八届(2012)	171	23	86.5	13.5
第十八届(2017)	172	20	88.4	11.6

表6.8 中国共产党第十七至十九届中央政治局委员人数及性别构成

届别及 召开年份	人数 （人）	#女	性别构成（%）	
			男	女
第十七届（2007）	25	1	96.0	4.0
第十八届（2012）	25	2	92.0	8.0
第十九届（2017）	25	1	96.0	4.0

资料来源：人民网。

表6.9 中国共产党代表大会中央纪律委员会委员人数及性别构成

届别及 召开年份	人数 （人）	#女	性别构成（%）	
			男	女
第十二届（1982）	132	13	90.2	9.8
第十三届（1987）	69	8	88.4	11.6
第十四届（1992）	108	9	91.7	8.3
第十五届（1997）	115	14	87.8	12.2
第十六届（2002）	121	14	88.4	11.6
第十七届（2007）	127	17	86.6	13.4
第十八届（2012）	130	13	90.0	10.0
第十九届（2017）	133	9	93.2	6.8

资料来源：人民网。

表6.10 2018年各民主党派人数及性别构成

党派	人数（人）	#女	性别构成（%）	
			男	女
中国国民党革命委员会	13.9	5.3	61.5	38.5
中国民主同盟	30.9	13.7	55.7	44.3
中国民主建国会	19.3	6.7	65.1	34.9
中国民主促进会	17.0	8.4	50.5	49.5
中国农工民主党	17.0	8.6	49.7	50.3
中国致公党	5.8	2.4	57.9	42.1
九三学社	18.1	7.5	58.7	41.3
台湾民主自治同盟	0.3	0.2	48.9	51.1

表6.11 2018年各民主党派中央委员人数及性别构成

党派	人数（人）	#女	性别构成（%）	
			男	女
中国国民党革命委员会	221	66	70.1	29.9
中国民主同盟	278	68	75.5	24.5
中国民主建国会	204	54	73.5	26.5
中国民主促进会	199	56	71.9	28.1
中国农工民主党	214	50	76.6	23.4
中国致公党	116	32	72.4	27.6
九三学社	236	50	78.8	21.2
台湾民主自治同盟	69	26	62.3	37.7

表6.12 工会会员性别构成

单位:%

年份	男	女
2010	63.0	37.0
2011	62.3	37.7
2012	62.1	37.9
2013	62.2	37.8
2014	61.9	38.1
2015	61.8	38.2
2016	62.0	38.0
2017	61.7	38.3
2018	61.5	38.5
2019	61.2	38.8

资料来源:全国总工会。

表6.13 职工代表人数及性别构成

年份	职工代表数(万人)	#女	性别构成(%)	
			男	女
2010	1449.7	442.3	69.5	30.5
2011	1638.9	505.4	69.2	30.8
2012	2198.3	654.0	70.2	29.8
2013	2284.3	662.0	71.0	29.0
2014	2386.0	698.4	70.7	29.3
2015	2317.3	676.3	70.8	29.2
2016	2304.2	681.2	70.4	29.6
2017	2354.6	716.1	69.6	30.4
2018	2120.8	640.5	69.8	30.2
2019	1891.5	591.3	68.7	31.3

资料来源:全国总工会。

表6.14 企业职工代表大会、董事会、监事会中女性代表比重

单位：%

年份	企业职工代表大会中女性代表比重	企业董事会中女职工董事占职工董事比重	企业监事会中女职工监事占职工监事比重
2010	29.0	32.7	35.2
2011	29.2	31.6	35.6
2012	28.4	26.4	27.0
2013	27.7	29.1	29.2
2014	28.0	40.1	41.5
2015	28.3	38.4	38.9
2016	28.7	39.9	40.1
2017	29.3	39.7	41.6
2018	28.8	39.9	41.9
2019	29.7	33.4	36.4

资料来源：全国总工会。

表6.15 县及县以上妇联组织和妇联工作人员数

年份	妇联组织（个）	工作人员（人）
2017	3588	21168
2018	3584	20952
2019	3461	21241

资料来源：全国妇联。

表6.16 社会组织中女性比重

单位：%

年份	社会团体	基金会	民办非企业
2010	20.4	29.9	36.5
2011	17.5	31.4	36.5
2012	22.3	30.7	37.8
2013	22.5	27.9	38.4
2014	21.8	26.6	38.6
2015	23.4	29.0	38.6
2016	23.0	29.5	38.7
2017	23.9	31.1	42.7
2018	21.9	17.1	43.2
2019	22.4	19.4	45.3

资料来源：民政部。

表6.17 社会组织负责人中女性比重

单位：%

年份	社会团体	基金会	民办非企业
2010	15.9	21.2	28.4
2011	13.8	22.2	32.8
2012	14.7	16.9	33.1
2013	16.4	19.5	33.4
2014	16.8	18.8	33.8
2015	18.4	22.8	33.0
2016	17.1	21.0	34.9
2017	18.5	23.9	35.5
2018	19.8	19.7	37.4
2019	17.3	16.8	37.3

资料来源：民政部。

表6.18 基层群众性自治组织中女性比重

单位：%

年 份	居民委员会		村民委员会	
	成员	主任	成员	主任
2010	49.6	43.5	21.4	10.4
2011	49.4	43.1	22.0	11.2
2012	48.8	41.4	22.1	11.7
2013	48.4	41.5	22.7	11.9
2014	48.4	41.0	22.8	12.3
2015	49.2	41.1	22.9	11.5
2016	48.7	39.6	22.5	10.5
2017	49.7	39.9	23.1	10.7
2018	50.4	39.9	24.0	11.1
2019	50.9	39.7	23.8	11.9

资料来源：民政部。

表6.19 村委会选举情况

年 份	当年完成选举的村委会数（个）	经推举产生的村民代表数（万人）	性别构成(%)		
			#女	男	女
2016	77011	872.3	133.4	84.7	15.3
2017	151513	1218.4	267.1	78.1	21.9
2018	243042	1138.4	151.0	86.7	13.3
2019	71672	542.1	88.4	83.7	16.3

资料来源：民政部。

七、科技

表7.1 中国两院院士人数及性别构成

学 部	人数(人)	#女	性别构成(%)	
			男	女
中国科学院院士	**830**	**55**	**93.37**	**6.63**
数学物理学部	157	8	94.90	5.10
化学部	133	9	93.23	6.77
生命科学和医学学部	153	20	86.93	13.07
地学部	138	5	96.38	3.62
信息技术科学部	99	6	93.94	6.06
技术科学部	150	7	95.33	4.67
中国工程院院士	**908**	**46**	**94.93**	**5.07**
机械与运载工程学部	129	3	97.67	2.33
信息与电子工程学部	131	4	96.95	3.05
化工、冶金与材料工程学部	115	6	94.78	5.22
能源与矿业工程学部	125	1	99.20	0.80
土木、水利与建筑工程学部	104	2	98.08	1.92
环境与轻纺工程学部	60	7	88.33	11.67
农业学部	83	3	96.39	3.61
医药卫生学部	122	16	86.89	13.11
工程管理学部	70	5	92.86	7.14

资料来源:国家统计局,《中国科技统计年鉴2020》。
注:1.工程管理学部70名院士中31人为跨学部院士,包括1位女院士。下同。
　　2.本表数据不含外籍院士。
　　3.中国科学院院士为截至2019年12月31日数据,中国工程院院士为截至2019年8月20日数据,下同。

图7.1 中国科学院女院士学部分布情况（%）

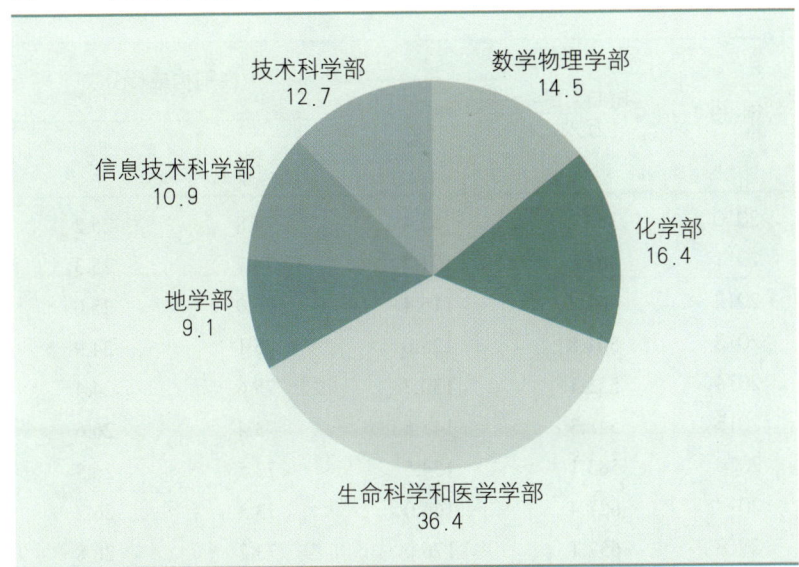

资料来源：国家统计局，《中国科技统计年鉴2020》。

图7.2 中国工程院女院士学部分布情况（%）

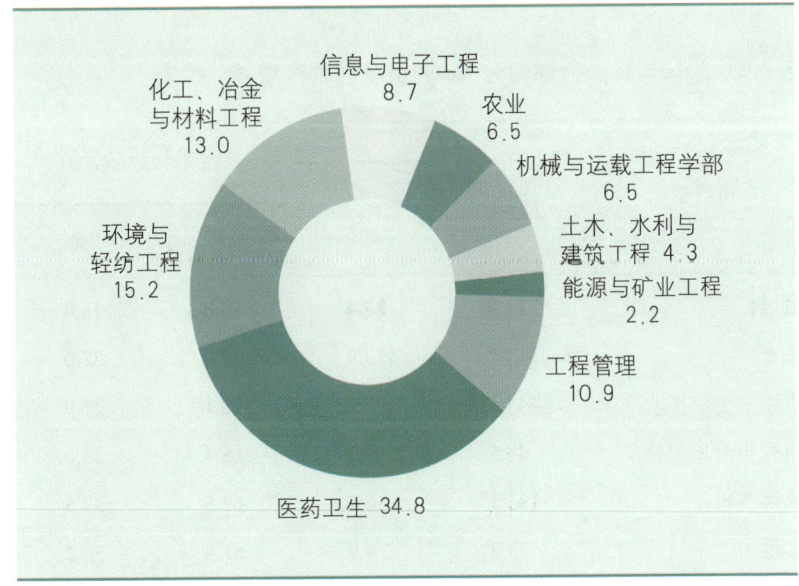

资料来源：国家统计局，《中国科技统计年鉴2020》。

表7.2 研究与试验发展（R&D）人员及性别构成

年 份	R&D人员（万人）	#女	性别构成（%）	
			男	女
2010	354.2	89.4	74.8	25.2
2011	401.8	101.7	74.7	25.3
2012	461.7	115.4	75.0	25.0
2013	501.8	125.0	75.1	24.9
2014	535.1	130.7	75.6	24.4
2015	548.3	145.6	73.4	26.6
2016	583.1	154.5	73.5	26.5
2017	621.4	166.0	73.3	26.7
2018	657.1	176.0	73.2	26.8
2019	712.9	185.4	74.0	26.0

资料来源：国家统计局，历年中国科技统计年鉴。

表7.3 2019年按执行部门分R&D人员及性别构成

执行部门	R&D人员（万人）	#女	性别构成（%）	
			男	女
合 计	712.9	185.4	74.0	26.0
企业	517.7	113.9	78.0	22.0
#规上工业企业	444.1	97.2	78.1	21.9
研究与开发机构	48.5	16.3	66.4	33.6
高等学校	123.3	46.2	62.5	37.5
其他	23.3	8.9	61.8	38.2

资料来源：国家统计局，《中国科技统计年鉴2020》。

表7.4 2019年规模以上工业企业R&D人员及性别构成

组　别	R&D人员（人）	#女	性别构成(%)	
			男	女
合计	4440550	972400	78.1	21.9
按企业规模分				
#大型企业	1631071	346088	78.8	21.2
中型企业	1161084	267605	77.0	23.0
按地区分				
东部地区	2956345	656368	77.8	22.2
中部地区	893906	185776	79.2	20.8
西部地区	468239	102224	78.2	21.8
东北地区	122060	28032	77.0	23.0
按登记注册类型分				
内资企业	3583372	771514	78.5	21.5
国有企业	33582	7672	77.2	22.8
集体企业	2606	732	71.9	28.1
股份合作企业	3410	779	77.2	22.8
联营企业	152	70	53.9	46.1
有限责任公司	1208077	249950	79.3	20.7
股份有限公司	630022	138342	78.0	22.0
私营企业	1702365	373212	78.1	21.9
其他企业	3158	757	76.0	24.0
港澳台商投资企业	412326	99169	75.9	24.1
外商投资企业	444852	101717	77.1	22.9

资料来源：国家统计局，《中国科技统计年鉴2020》。

表7.5　2019年研究与开发机构R&D人员及性别构成

组　别	R&D人员（人）	#女	性别构成(%)	
			男	女
合　计	485322	163134	66.4	33.6
按地区分				
东部地区	270838	95305	64.8	35.2
中部地区	60484	18329	69.7	30.3
西部地区	121760	38459	68.4	31.6
东北地区	32240	11041	65.8	34.2
按隶属关系分				
中央部门属	370212	116045	68.7	31.3
#中国科学院	107162	40066	62.6	37.4
地方部门属	115110	47089	59.1	40.9
省级部门属	90260	38052	57.8	42.2
副省级城市部门属	3844	1477	61.6	38.4
地市级部门属	20755	7454	64.1	35.9
按门类科学分				
自然科学	87355	32591	62.7	37.3
农业科学	63806	24717	61.3	38.7
医药科学	32090	18037	43.8	56.2
工程与技术科学	284593	79809	72.0	28.0
人文与社会科学	17478	7980	54.3	45.7

资料来源：国家统计局，《中国科技统计年鉴2020》。

表7.6 高等学校R&D人员及性别构成

组别	R&D人员(人)	#女	性别构成(%)	
			男	女
合计	1233180	462421	62.5	37.5
按地区分				
东部地区	626431	229359	63.4	36.6
中部地区	227938	87520	61.6	38.4
西部地区	255701	97235	62.0	38.0
东北地区	123110	48307	60.8	39.2
按学科类别分				
理工农医类	668249	166090	75.1	24.9
人文社科类	564931	296331	47.5	52.5

资料来源:国家统计局,《中国科技统计年鉴2020》。

表7.7 科协有关人员情况

年份	各级科协从业人员(万人)	#女	全国学会理事会理事(人)	#女	全国学会在册个人会员数(万人)	#女
2010	3.7	1.4	26866	3019	411.4	79.4
2011	3.9	1.4	31680	3739	427.8	95.5
2012	3.9	1.5	32791	4085	433.0	96.4
2013	3.9	1.5	33553	4268	437.0	98.4
2014	3.9	1.5	34146	4329	436.9	101.8
2015	3.9	1.6	34453	4626	491.6	103.7
2016	3.9	1.6	34702	4753	462.8	109.2
2017	4.0	1.7	34707	4915	453.7	111.0
2018	4.0	1.7	35498	4968	479.5	119.1
2019	3.4	1.6	36501	5234	523.1	161.3

资料来源:中国科协。

表7.8 受表彰奖励科技人员及性别构成

年 份	受表彰奖励人数（人）	#女	性别构成(%)	
			男	女
2010	90354	25182	72.1	27.9
2011	117407	32167	72.6	27.4
2012	126152	36220	71.3	28.7
2013	125721	37306	70.3	29.7
2014	108211	33732	68.8	31.2
2015	126191	36638	71.0	29.0
2016	135262	40435	70.1	29.9
2017	115766	33638	70.9	29.1
2018	101463	30203	70.2	29.8
2019	91579	25070	72.6	27.4

资料来源：中国科协。

表7.9 青少年科技教育普及情况

项 目	单位	2018年	2019年
举办青少年科技竞赛	次	4884	5670
参加人数	万人次	9905	3033[1]
举办青少年科技教育培训	次	7566	43708
参加人数	万人次	1488	1436
举办青少年科学营	次	1095	1288
参加人数	万人次	19	16
少儿参观科技馆人次	万人次	3446	1874[1]

资料来源：中国科协。
1注：不完全统计数。

八、体育

表8.1　2019年分技术等级在岗专职教练员人数及性别构成

等级	人数（人）	#女	性别构成(%)	
			男	女
合 计	25860	7301	71.8	28.2
国家级	671	189	71.8	28.2
高级	5291	1431	73.0	27.0
一级	9469	2743	71.0	29.0
二级	7040	2034	71.1	28.9
三级	1994	529	73.5	26.5
无等级	1395	375	73.1	26.9

资料来源：国家体育总局。

表8.2　2019年分技术等级运动员发展人数及性别构成

技术等级	人数（人）	#女	性别构成(%)	
			男	女
合 计	59592	21794	63.4	36.6
国际级运动健将	43	25	41.9	58.1
运动健将	453	211	53.4	46.6
一级运动员	17575	7701	56.2	43.8
二级运动员	41521	13857	66.6	33.4

资料来源：国家体育总局。

表8.3　2016年里约奥运会中国运动员获奖牌情况

项　目	奖牌总数（枚）	金牌	银牌	铜牌
合　计	**70**	**26**	**18**	**26**
男子	28	12	7	9
女子	41	14	11	16
混双	1			1

资料来源：国家体育总局。
注：本表为第31届夏季奥运会数据，下同。

表8.4　2016年里约奥运会中国运动员获奖牌人数

项　目	获奖牌人数（人次）	金牌	银牌	铜牌
合　计	**112**	**46**	**29**	**37**
男	38	16	7	15
女	74	30	22	22

资料来源：国家体育总局。

表8.5 中国参加历届奥运会获金牌数(夏奥会)

届别及举办年份	举办地	获金牌数(枚)	男	女	混双
第二十三届(1984)	美国洛杉矶	15	10	5	
第二十四届(1988)	南朝鲜汉城	5	2	3	
第二十五届(1992)	西班牙巴塞罗那	16	4	12	
第二十六届(1996)	美国亚特兰大	16	7	9	
第二十七届(2000)	澳大利亚悉尼	28	11	16	1
第二十八届(2004)	希腊雅典	32	12	19	1
第二十九届(2008)	中国北京	51	24	27	
第三十届 (2012)	英国伦敦	38	17	20	1
第三十一届(2016)	巴西里约热内卢	26	12	14	

资料来源:国家体育总局。

表8.6 中国参加历届奥运会获金牌人数(夏奥会)

届别及举办年份	举办地	获金牌人数(人次)	男	女
第二十三届(1984)	美国洛杉矶	26	10	16
第二十四届(1988)	南朝鲜汉城	6	3	3
第二十五届(1992)	西班牙巴塞罗那	18	5	13
第二十六届(1996)	美国亚特兰大	19	8	11
第二十七届(2000)	澳大利亚悉尼	39	19	20
第二十八届(2004)	希腊雅典	52	16	36
第二十九届(2008)	中国北京	74	34	40
第三十届 (2012)	英国伦敦	56	27	29
第三十一届(2016)	巴西里约热内卢	46	16	30

资料来源:国家体育总局。

表8.7 2019年中国运动员获世界冠军人数及性别构成

序号	运动大项	获冠军（项）	人数（人次）	#女	性别构成(%)	
					男	女
	合计	**128**	**305**	**144**	**52.8**	**47.2**
1	滑冰	1	2	1	50.0	50.0
2	滑雪	3	3	2	33.3	66.7
3	射击	3	3	2	33.3	66.7
4	射箭	1	3		100.0	
5	击剑	1	4	4		100.0
6	帆船(帆板)	1	1	1		100.0
7	赛艇	4	14	8	42.9	57.1
8	皮划艇	4	8	4	50.0	50.0
9	举重	10	10	5	50.0	50.0
10	拳击	1	1	1		100.0
11	跆拳道	4	11	8	27.3	72.7
12	田径	3	3	3		100.0
13	游泳	16	22	10	54.5	45.5
14	体操	1	1		100.0	
15	篮球	1	4	4		100.0
16	排球	1	16	16		100.0
17	乒乓球	9	20	10	50.0	50.0
18	羽毛球	2	22	11	50.0	50.0
19	网球	1	1	1		100.0
20	软式网球	1	1	1		100.0
21	台球	3	4	3	25.0	75.0
22	跳伞	7	18	8	55.6	44.4
23	航海模型	8	8		100.0	
24	定向	1	1	1		100.0
25	围棋	4	4	1	75.0	25.0
26	象棋	2	3		100.0	
27	国际象棋	1	5	5		100.0
28	武术	14	14	7	50.0	50.0
29	登山	1	1	1		100.0
30	潜水	13	19	12	36.8	63.2
31	轮滑	1	1		100.0	
32	龙舟	4	76	14	81.6	18.4
33	健美	1	1		100.0	

资料来源：国家体育总局。

表8.8 2015-2019年中国运动员创世界纪录统计

大项	创世界记录（项）	人数（人次）	#女	性别构成(%)	
				男	女
2015年	**10**	**15**	**12**	**20.0**	**80.0**
田径	1	1	1		100.0
自行车	1	2	2		100.0
射击	2	2	2		100.0
举重	4	4	1	75.0	25.0
滑冰	1	3	3		100.0
航海模型	1	3	3		100.0
2016年	**9**	**10**	**5**	**50.0**	**50.0**
自行车	1	2	2		100.0
射击	2	2		100.0	
举重	4	4	2	50.0	50.0
潜水	2	2	1	50.0	50.0
2017年	**6**	**6**	**3**	**50.0**	**50.0**
射击	5	5	3	40.0	60.0
航海模型	1	1		100.0	
2018年	**12**	**12**	**7**	**41.7**	**58.3**
滑冰	1	1		100.0	
举重	6	6	3	50.0	50.0
田径	1	1	1		100.0
游泳	3	3	2	33.3	66.7
潜水	1	1	1		100.0
2019年	**16**	**19**	**12**	**36.8**	**63.2**
射击	4	7	6	14.3	85.7
举重	7	7	4	42.9	57.1
田径	1	1	1		100.0
登山	1	1	1		100.0
航海模型	2	2		100.0	
轮滑	1	1		100.0	

资料来源：国家体育总局。

表8.9 2013年全国各系统体育场地数量及面积情况

系统	场地数量（万个）	数量占比（%）	场地面积（亿平方米）	面积占比（%）
合计	169.46	100.00	19.92	100.00
体育系统	2.43	1.43	0.95	4.79
教育系统	66.05	38.98	10.56	53.01
高等院校	4.97	2.94	0.82	4.15
中小学	58.49	34.51	9.29	46.61
其他教育系统单位	2.59	1.53	0.45	2.25
军队系统	5.22	3.08	0.43	2.17
其他系统	95.76	56.51	7.98	40.03

资料来源:国家体育总局,第六次全国体育场地普查数据公报。

表8.10 少儿体育运动学校数(业余体校)

单位:个

年份	合计	省级	地级	县级
2010	1683	23	415	1245
2011	1552	21	393	1138
2012	1510	22	384	1104
2013	1460	21	310	1129
2014	1463	26	312	1125
2015	1435	19	310	1106
2016	1428	15	309	1104
2017	1435	20	319	1095
2018	1403	6	325	1072
2019	1348	6	314	1028

资料来源:国家体育总局。

图8.1　6—19岁儿童青少年参加体育健身活动形式（%）

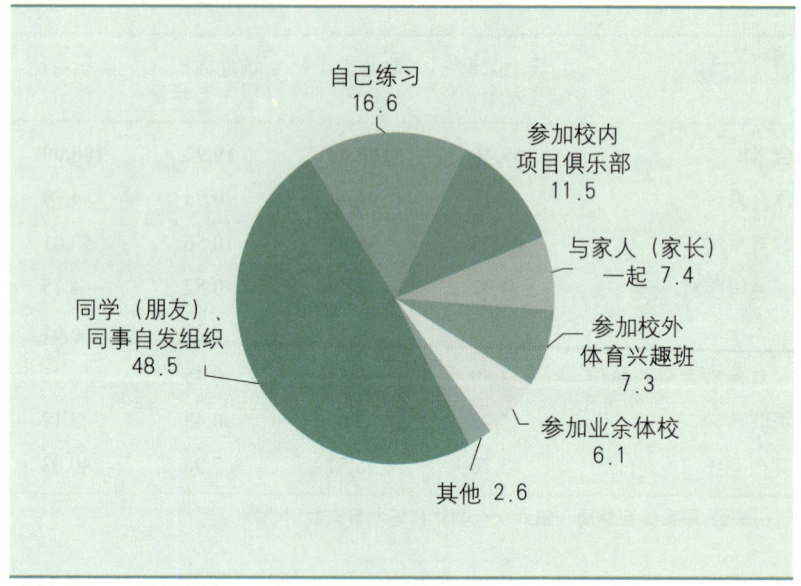

资料来源：国家体育总局，《2014年全民健身活动状况调查公报》。

图8.2　6—19岁儿童青少年不愿参加体育锻炼的原因（%）

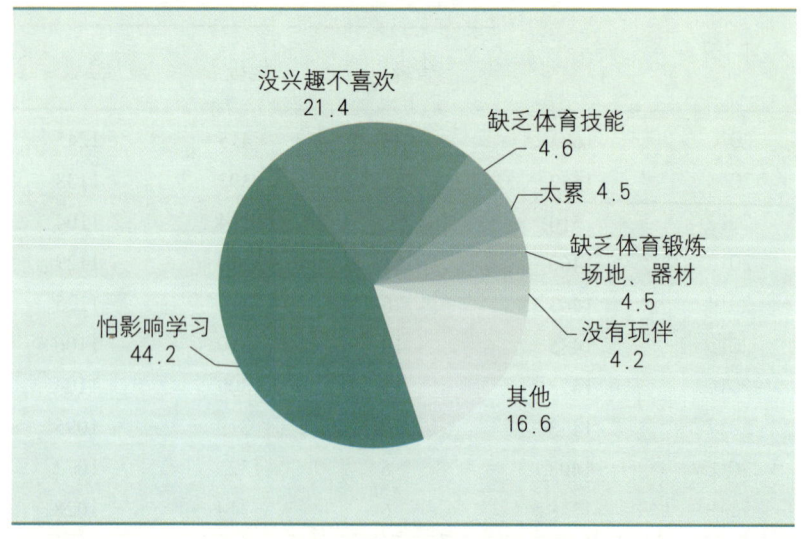

资料来源：国家体育总局，《2014年全民健身活动状况调查公报》。

九、法律保护

表9.1 全国法官及高级法官性别构成

单位：%

年份	法官		高级法官	
	男	女	男	女
2011	73.5	26.5	67.2	32.8
2012	72.4	27.6	66.4	33.6
2013	71.2	28.8	65.5	34.5
2014	69.5	30.5	64.9	35.1
2015	68.6	31.4	63.5	36.5
2016	66.2	33.8	62.1	37.9
2017	67.3	32.7	63.2	36.8
2018	66.3	33.7	62.4	37.6
2019	65.3	34.7	63.0	37.0

资料来源：最高人民法院。

表9.2 全国陪审员人数及性别构成

年份	人数（人）	#女	性别构成（%）	
			男	女
2012	83000	29000	65.1	34.9
2013	127096	43522	65.8	34.2
2014	209548	74667	64.4	35.6
2015	220093	79535	63.9	36.1
2016	222156	80467	63.8	36.2
2017	212466	87182	59.0	41.0
2018	250629	102936	58.9	41.1
2019	335999	139107	58.6	41.4

资料来源：最高人民法院。

表9.3 全国律师人数及性别构成

年份	人数（万人）	#女	性别构成(%)	
			男	女
2010	19.5	4.7	75.9	24.1
2011	21.5	5.2	75.8	24.2
2012	23.2	6.2	73.3	26.7
2013	24.9	6.9	72.3	27.7
2014	27.1	7.9	70.8	29.2
2015	29.7	9.1	69.4	30.6
2016	32.6	10.6	67.5	32.5
2017	35.7	11.9	66.7	33.3
2018	42.4	15.3	63.9	36.1
2019	47.3	17.6	62.8	37.2

资料来源：司法部。

表9.4 全国公证员人数及性别构成

年份	人数（人）	#女	性别构成(%)	
			男	女
2017	13231	6500	50.9	49.1
2018	13335	6612	50.4	49.6
2019	13428	6757	49.7	50.3

资料来源：司法部。

表9.5　公安机关破获各种侵害妇女儿童案件数

单位:起

年份	破获强奸案件数	破获拐卖妇女案件数	破获拐卖儿童案件数	破获组织强迫、引诱、容留、介绍妇女等卖淫案件数
2010	30740	3228	2827	15133
2011	31342	3636	2979	14396
2012	26560	4598	3152	11616
2013	25852	4537	2237	11997
2014	25326	1775	1460	12498
2015	22431	637	756	10180
2016	21091	493	618	10549
2017	21604	661	546	11162
2018	23724	434	606	14797
2019	27656	320	413	16950

资料来源:公安部。

表9.6　公安机关强奸案件、拐卖妇女儿童案件立案数

年份	强奸案件		拐卖妇女儿童案件	
	立案数（件）	占刑事案件比重（%）	立案数（件）	占刑事案件比重（%）
2010	33696	0.56	10082	0.17
2011	33336	0.56	13964	0.23
2012	33835	0.52	18532	0.28
2013	34102	0.52	20735	0.31
2014	33417	0.51	16483	0.25
2015	29948	0.42	9150	0.13
2016	27767	0.43	7121	0.11
2017	27664	0.50	6668	0.12
2018	29807	0.59	5397	0.11
2019	33827	0.70	4571	0.10

资料来源:公安部。

表9.7 刑事犯罪受害人性别构成及14岁以下儿童所占比重

单位：%

年份	刑事犯罪受害人性别构成		刑事犯罪受害人中14岁以下儿童所占比重[1]
	男	女	
2010	66.7	33.3	0.7
2011	65.7	34.3	0.7
2012	65.2	34.8	0.5
2013	64.2	35.8	0.5
2014	63.7	36.3	0.4
2015	63.2	36.8	0.3
2016	62.9	37.1	0.3
2017	63.2	36.8	0.4
2018	64.1	35.9	0.5
2019	61.9	38.1	0.5

资料来源：公安部。
[1] 注：2018年数据有调整。

图9.1 青少年作案成员占全部作案人员的比重（14—25岁）

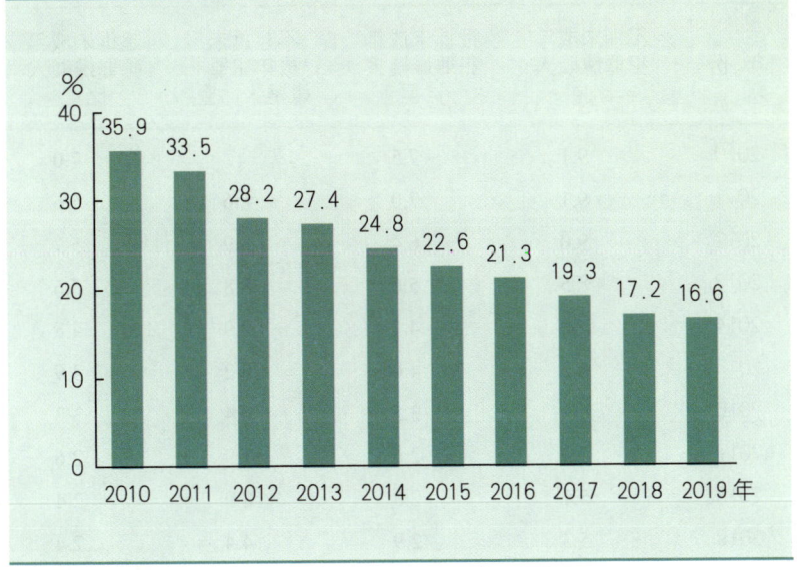

资料来源：公安部。

表9.8 全国批准逮捕犯罪嫌疑人人数及性别构成

年份	人数（人）	#女	性别构成(%)	
			男	女
2015	873111	70534	91.9	8.1
2016	828618	64244	92.2	7.8
2017	1069736	91772	91.4	8.6
2018	1051101	97793	90.7	9.3
2019	1088490	111181	89.8	10.2

资料来源：最高人民检察院。

表9.9 审查批捕、起诉未成年人犯罪案件情况

单位：%

年份	不捕未成年犯罪嫌疑人比重	批捕未成年犯罪嫌疑人比重	不起诉未成年犯罪嫌疑人比重	起诉未成年犯罪嫌疑人比重
2010	9.1	7.5		7.0
2011	9.1	7.0	8.6	6.6
2012	9.0	6.4	8.9	5.7
2013	8.5	5.6	8.8	5.6
2014	7.0	4.7	9.9	4.8
2015	6.2	4.0	9.2	3.9
2016	5.6	3.5	6.4	3.3
2017	5.3	2.6	11.7	2.6
2018	5.1	2.8	8.9	2.4
2019	5.3	2.9	4.4	2.4

资料来源：最高人民检察院。

图9.2 各级人民法院判决生效的刑事案件中女性罪犯所占比重

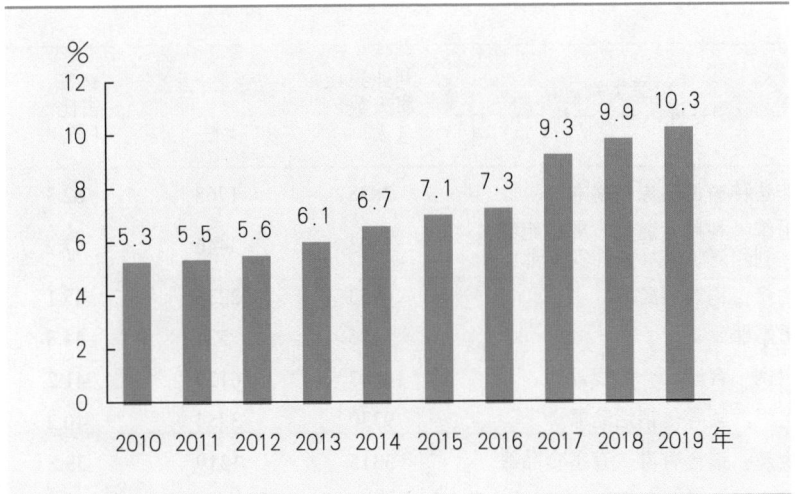

资料来源：最高人民法院。

表9.10 建立少年法庭数及各级人民法院判决生效的刑事案件中青少年罪犯所占比重

单位：%

年 份	建立少年法庭数（个）	青少年罪犯占刑事罪犯比重	不满18岁	18-不满25岁
2010	2219	28.6	6.8	21.8
2011	2331	26.9	6.4	20.5
2012	2331	24.1	5.4	18.7
2013	2253	22.9	4.8	18.1
2014	2253	21.1	4.3	16.8
2015	2253	19.2	3.6	15.6
2016	2253	16.8	2.9	13.9
2017	2253	14.5	2.6	11.9
2018	1691	17.0	2.4	14.6
2019	368	17.0	2.6	14.4

资料来源：最高人民法院。
注：少年法庭数量不定期统计，2014-2017年均为截至2014年11月数据。少年法庭数减少是因机构整合所致。

表9.11　2019年全国法院判处女性犯罪案件情况

犯罪类别 （按女性占比高低排列）	判处犯罪人数（人）	#女性	女性占比（%）
非法种植毒品原植物罪	2838	1768	62.3
组织、利用会道门、邪教组织、利用迷信破坏法律实施罪	7303	3446	47.2
生产、销售假药罪	4953	2236	45.1
重婚罪	1186	531	44.8
引诱、容留、介绍卖淫罪	14887	6129	41.2
组织、领导传销活动罪	9330	3754	40.2
生产、销售有毒、有害食品罪	3315	1319	39.8
拐卖妇女、儿童罪	1261	501	39.7
非法吸收公众存款罪	16885	6268	37.1
强迫卖淫罪	982	279	28.4
非法行医罪	836	232	27.8
制作、复制、出版、贩卖、传播淫秽物品牟利罪	2278	613	26.9
偷越国(边)境罪	2327	608	26.1
失火罪	2178	512	23.5
组织卖淫罪	7774	1823	23.4
集资诈骗罪	2010	469	23.3
传授犯罪方法罪	2625	584	22.2
赌博罪	15498	3444	22.2
妨害公务罪	21847	4720	21.6
挪用公款罪	1398	301	21.5
销售假冒注册商标的商品罪	3568	750	21.0
诈骗罪	94619	19871	21.0
协助组织卖淫罪	6644	1340	20.2
伪造、变造、买卖国家机关公文、证件、印章罪	4592	898	19.6

资料来源：最高人民法院。

表9.11 续表

犯罪类别 （按女性占比高低排列）	判处犯罪人数（人）	#女性	女性占比（%）
聚众扰乱社会秩序罪	27676	5391	19.5
窝藏、包庇罪	5906	1129	19.1
挪用资金罪	2030	371	18.3
非法经营罪	16033	2908	18.1
拒不执行判决、裁定罪	4986	897	18.0
假冒注册商标罪	3789	680	17.9
开设赌场罪	61697	11069	17.9
虚开增值税专用发票、用于骗取出口退税、抵扣税款发票罪	8050	1335	16.6
非法持有毒品罪	4667	771	16.5
非法收购、运输、出售珍贵、濒危野生动物、珍贵、濒危野生动物制品罪	1989	327	16.4
信用卡诈骗罪	3864	597	15.5
伪造公司、企业、事业单位、人民团体印章罪	1837	278	15.1
生产、销售伪劣产品罪	3410	512	15.0
走私、贩卖、运输、制造毒品罪	75192	11271	15.0
职务侵占罪	6843	998	14.6
放火罪	2287	330	14.4
破坏生产经营罪	1596	225	14.1
容留他人吸毒罪	20396	2772	13.6
走私普通货物、物品罪	2536	338	13.3
骗取贷款、票据承兑、金融票证罪	1776	233	13.1
非法侵入住宅罪	2188	284	13.0
贪污罪	5644	702	12.4
合同诈骗罪	9175	1139	12.4
妨害信用卡管理罪	1997	227	11.4
故意杀人罪	8639	864	10.0

资料来源：最高人民法院。

表9.12 法律援助机构数及获得法律援助的人数

年 份	法律援助机构数（个）	受援人数（万人次）	#女	#未成年人
2010	3592	82.1	19.6	8.8
2011	3672	94.7	22.3	8.9
2012	3693	114.6	27.3	9.8
2013	3680	127.9	31.8	15.4
2014	3737	138.8	35.2	15.5
2015	3739	146.9	35.9	14.6
2016	3758	143.3	36.7	13.6
2017	4292	139.5	36.1	14.5
2018	3389	151.9	36.1	13.6
2019	2828	198.9	35.2	13.8

资料来源：司法部。

图9.3 县级以上妇联组织受理妇女儿童投诉件次数

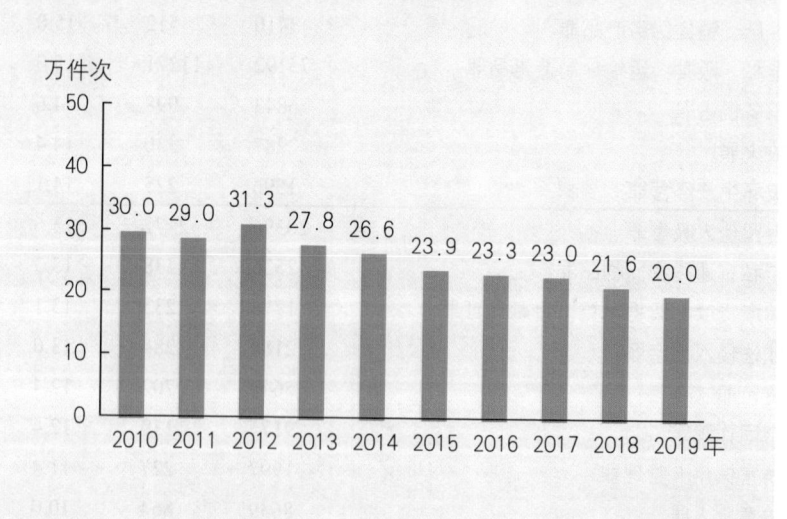

资料来源：全国妇联。

十、生活和社会环境

表10.1 森林资源情况

	单位	2000年	2005年	2017年	2018年
森林面积	万公顷	15894.09	19545.22	20768.73	22044.62
#人工林	万公顷	4708.95	6168.84	6933.38	8003.10
森林蓄积量	亿立方米	112.67	137.21	151.37	175.60
森林覆盖率	%	16.55	20.36	21.63	22.96

资料来源：国家统计局，历年中国统计年鉴。
注：2000年数据为第六次全国森林资源清查(1999-2003)结果。
　　2005年数据为第七次全国森林资源清查(2004-2008)结果。
　　2017年数据为第八次全国森林资源清查(2009-2013)结果。
　　2018年数据为第九次全国森林资源清查(2014-2018)结果。

表10.2 人均水资源量及人均用水量

单位：立方米

年 份	人均水资源量	人均用水量
2010	2310.4	450.2
2011	1730.2	454.4
2012	2186.2	453.9
2013	2059.7	455.5
2014	1998.6	446.7
2015	2039.2	445.1
2016	2354.9	438.1
2017	2074.5	435.9
2018	1971.8	431.9
2019	2077.7	430.8

资料来源：国家统计局，《中国统计年鉴2020》。

表10.3 城市环境情况

单位：%

年 份	建成区绿化覆盖率	城市用水普及率	城市污水处理率	城市燃气普及率	生活垃圾无害化处理率	人均公园绿地面积（平方米）
2010	38.6	96.7	82.3	92.0	77.9	11.2
2011	39.2	97.0	83.6	92.4	79.7	11.8
2012	39.6	97.2	87.3	93.2	84.8	12.3
2013	39.7	97.6	89.3	94.3	89.3	12.6
2014	40.1	97.6	90.2	94.6	91.8	13.1
2015	40.1	98.1	91.9	95.3	94.1	13.3
2016	40.3	98.4	93.4	95.8	96.6	13.7
2017	40.9	98.3	94.5	96.3	97.7	14.0
2018	41.1	98.4	95.5	96.7	99.0	14.1
2019	41.5	98.8	96.8	97.3	99.2	14.4

资料来源：国家统计局，历年中国统计年鉴。

图10.1 农村集中式供水受益人口比重

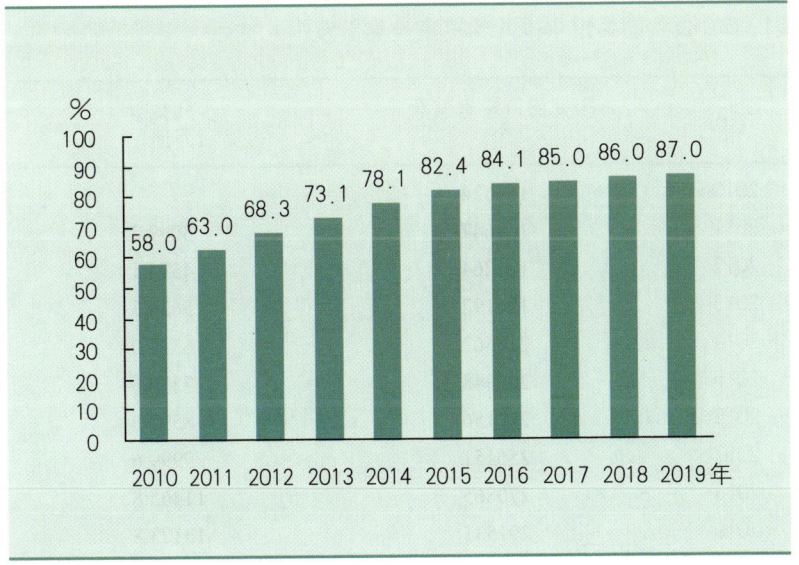

资料来源：水利部。

表10.4　全国少儿图书馆、博物馆基本情况

年 份	少儿图书馆		博物馆	
	数量（个）	总藏量（万册）	数量（个）	未成年人参观人次（万人次）
2010	97	2159.2	2435	11441.3
2011	94	2321.1	2650	12494.0
2012	99	3217.4	3069	15543.2
2013	105	3165.0	3473	18206.2
2014	108	3392.3	3658	20211.9
2015	113	3698.2	3852	21927.3
2016	122	4230.9	4109	23557.8
2017	122	4368.5	4721	26192.3
2018	123	4635.1	4918	26965.6
2019	128	4999.8	5132	28652.9

资料来源:文化和旅游部。
注:少儿图书馆指县(区、市)以上的少儿图书馆。

表10.5　公共图书馆中少儿阅览室坐席数及少儿文献

年 份	少儿阅览室坐席数（个）	少儿文献（万册）
2010	156524	
2011	168647	3099.3
2012	181264	4574.1
2013	196192	5626.3
2014	210662	6377.0
2015	223948	7370.6
2016	242156	8597.0
2017	256151	9999.6
2018	270865	11465.8
2019	291531	13123.8

资料来源:文化和旅游部。

表10.6 文化机构数及为未成年人组织活动专场数

年 份	机构数（个）	文化馆	文化站	为未成年人组织专场数（次）
2012	43876	3301	40575	13926
2013	44260	3315	40945	15867
2014	44423	3313	41110	16630
2015	44291	3315	40976	18358
2016	44497	3322	41175	20468
2017	44521	3328	41193	22467
2018	44464	3326	41138	38481
2019	44073	3326	40747	24340

资料来源：文化和旅游部。

表10.7 全国少年儿童出版物情况

年 份	儿童期刊 种类（种）	儿童期刊 数量（万册）	儿童图书 种类（种）	儿童图书 数量（万册）	儿童音像制品数量（万盒/张）
2010	98	23683	19794	35781	3780
2011	118	36454		37800	6051
2012	142	39432	30966	47823	4034
2013	144	40907	32400	45686	3149
2014	209	51983	32712	49693	1681
2015	209	54164	36633	55564	2010
2016	212	50692	43639	77789	2488
2017	211	44612	42441	82007	2600
2018	207	39719	44196	88858	2480
2019	206	37945	43712	94555	1698

资料来源：国家新闻出版署。

表10.8　全国少年儿童课本出版情况

年　份	种类 （种）	总印数 （万册）	总印张 （万印张）
2010	68145	335452	2703773
2011	78281	343991	2729430
2012	81271	347458	2707879
2013	87509	345002	2690298
2014	92370	349949	2739853
2015	90718	331931	2630870
2016	89001	327691	2625079
2017	86591	325612	2581812
2018	82862	348116	2745839
2019	87173	375190	2940492

资料来源：国家新闻出版署。

图10.2　全年生产动画影片

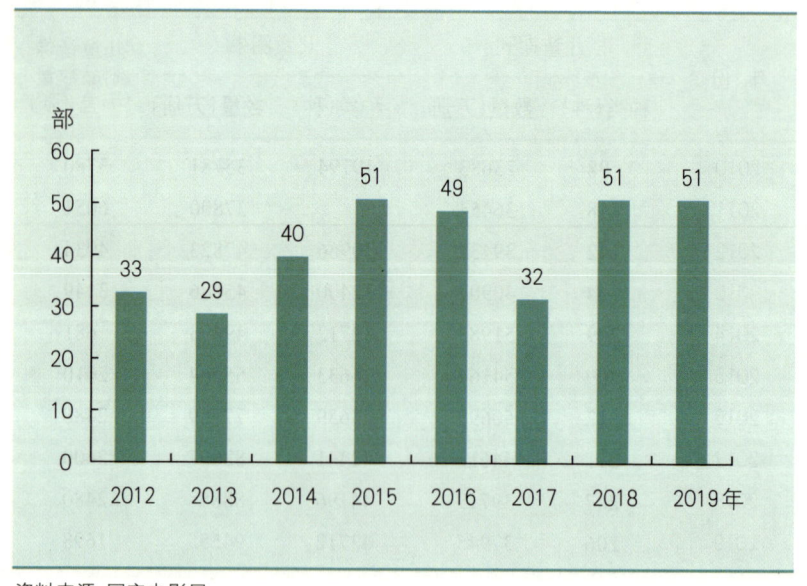

资料来源：国家电影局。

表10.9　全国广播、电视节目综合人口覆盖率

单位：%

年　份	广播节目综合人口覆盖率	#农村	电视节目综合人口覆盖率	#农村
2010	96.8	95.6	97.6	96.8
2011	97.1	96.1	97.8	97.1
2012	97.5	96.6	98.2	97.6
2103	97.8	97.0	98.4	97.9
2014	98.0	97.3	98.6	98.1
2015	98.2	97.5	98.8	98.3
2016	98.4	97.8	98.9	98.5
2017	98.7	98.2	99.1	98.7
2018	98.9	98.6	99.3	99.0
2019	99.1	98.8	99.4	99.2

资料来源：国家广播电视总局。

表10.10　少儿广播电视节目播出时间

单位：时：分

年　份	少儿广播	少儿电视	电视动画
2011	135768：53	375789：03	280254：37
2012	148525：22	397243：38	304877：17
2013	167613：55	417202：50	293139：57
2014	215763：06	486353：28	304838：35
2015	218063：51	463673：46	309060：10
2016	224816：51	483778：50	328864：19
2017	249777：12	571126：49	362824：48
2018	265774：28	573286：57	374484：46
2019	266377：26	574054：00	398685：20

资料来源：国家广播电视总局。

表10.11　妇女之家和儿童之家数

单位：个

年 份	妇女之家	儿童之家
2015	755053	181877
2016	732058	175802
2017	852734	185236
2018	739729	227157
2019	739465	288778

资料来源：全国妇联。

表10.12　各级表彰或揭晓的五好家庭、三八红旗手和"最美家庭"数

年 份	五好家庭（万个）	三八红旗手（万人）	最美家庭（万个）
2015	34.3	6.7	225.4
2016	34.4	6.5	200.5
2017	14.1	6.6	173.2
2018	11.9	6.9	180.5
2019	8.5	6.3	190.0

资料来源：全国妇联。

十一、分地区统计资料

表11.1　2019年年末人口情况

地　区	年末人口（万人）	出生率（‰）	死亡率（‰）	自然增长率（‰）
全　国	**140005**	**10.48**	**7.14**	**3.34**
北　京	2154	8.12	5.49	2.63
天　津	1562	6.73	5.30	1.43
河　北	7592	10.83	6.12	4.71
山　西	3729	9.12	5.85	3.27
内蒙古	2540	8.23	5.66	2.57
辽　宁	4352	6.45	7.25	-0.80
吉　林	2691	6.05	6.90	-0.85
黑龙江	3751	5.73	6.74	-1.01
上　海	2428	7.00	5.50	1.50
江　苏	8070	9.12	7.04	2.08
浙　江	5850	10.51	5.52	4.99
安　徽	6366	12.03	6.04	5.99
福　建	3973	12.90	6.10	6.80
江　西	4666	12.59	6.03	6.56
山　东	10070	11.77	7.50	4.27
河　南	9640	11.02	6.84	4.18
湖　北	5927	11.35	7.08	4.27
湖　南	6918	10.39	7.28	3.11
广　东	11521	12.54	4.46	8.08
广　西	4960	13.31	6.14	7.17
海　南	945	12.87	6.11	6.76
重　庆	3124	10.48	7.57	2.91
四　川	8375	10.70	7.09	3.61
贵　州	3623	13.65	6.95	6.70
云　南	4858	12.63	6.20	6.43
西　藏	351	14.60	4.46	10.14
陕　西	3876	10.55	6.28	4.27
甘　肃	2647	10.60	6.75	3.85
青　海	608	13.66	6.08	7.58
宁　夏	695	13.72	5.69	8.03
新　疆	2523	8.14	4.45	3.69

资料来源：国家统计局，《中国统计年鉴2020》。

注：1. 本表数据根据2019年全国人口变动情况抽样调查数据推算。全国总人口根据抽样误差和调查误差进行了修正，分地区人口未作修正。
　　2. 全国总人口包括现役军人数，分地区数字中未包括。

表11.2　2019年人口数及性别构成

地　区	样本人口数（人）	#女	性别构成(%)	
			男	女
全　国	**1091876**	**534042**	**51.1**	**48.9**
北　京	16666	8269	50.4	49.6
天　津	12095	5419	55.2	44.8
河　北	59087	28927	51.0	49.0
山　西	29012	14339	50.6	49.4
内蒙古	19744	9553	51.6	48.4
辽　宁	33800	16840	50.2	49.8
吉　林	20939	10369	50.5	49.5
黑龙江	29177	14389	50.7	49.3
上　海	18785	9038	51.9	48.1
江　苏	62652	30805	50.8	49.2
浙　江	45420	21874	51.8	48.2
安　徽	49562	24519	50.5	49.5
福　建	30869	14876	51.8	48.2
江　西	36318	17778	51.0	49.0
山　东	78318	38787	50.5	49.5
河　南	75087	37167	50.5	49.5
湖　北	46101	22885	50.4	49.6
湖　南	53851	26413	51.0	49.0
广　东	89429	41012	54.1	45.9
广　西	38653	18675	51.7	48.3
海　南	7350	3562	51.5	48.5
重　庆	24274	12126	50.0	50.0
四　川	65230	33157	49.2	50.8
贵　州	28245	13617	51.8	48.2
云　南	37874	18553	51.0	49.0
西　藏	2743	1369	50.1	49.9
陕　西	30158	14856	50.7	49.3
甘　肃	20642	10209	50.5	49.5
青　海	4733	2287	51.7	48.3
宁　夏	5404	2624	51.4	48.6
新　疆	19660	9746	50.4	49.6

资料来源:国家统计局，《中国统计年鉴2020》。
注:本表是2019年全国人口变动情况抽样调查样本数据，抽样比为0.780‰。

表11.3 2019年分年龄人口数

单位：人

地区	样本人口数	0-14岁	15-64岁	65岁及以上
全国	**1091876**	**183267**	**771326**	**137283**
北京	16666	1737	13020	1909
天津	12095	1243	9391	1461
河北	59087	11125	40196	7767
山西	29012	4459	21363	3190
内蒙古	19744	2572	15158	2013
辽宁	33800	3446	24972	5382
吉林	20939	2464	15692	2783
黑龙江	29177	2910	22247	4020
上海	18785	1885	13845	3055
江苏	62652	8638	44567	9447
浙江	45420	5930	33116	6374
安徽	49562	9242	33397	6923
福建	30869	5208	22575	3086
江西	36318	7339	25293	3686
山东	78318	13841	52075	12402
河南	75087	15814	50562	8711
湖北	46101	7180	32895	6026
湖南	53851	10764	36009	7078
广东	89429	14278	67479	7672
广西	38653	8438	26285	3930
海南	7350	1434	5232	685
重庆	24274	4073	16475	3725
四川	65230	10707	44257	10266
贵州	28245	6284	18690	3271
云南	37874	6832	27299	3743
西藏	2743	715	1863	165
陕西	30158	4388	22137	3633
甘肃	20642	3530	14734	2377
青海	4733	924	3406	404
宁夏	5404	1120	3770	514
新疆	19660	4746	13328	1586

资料来源：国家统计局，《中国统计年鉴2020》。
注：本表是2019年全国人口变动情况抽样调查样本数据，抽样比为0.780‰。

表11.4 2019年平均家庭户规模及抚养比

地 区	家庭户规模（人/户）	总抚养比（%）	少儿抚养比	老年人口抚养比
全 国	2.92	41.56	23.76	17.80
北 京	2.56	28.01	13.34	14.66
天 津	2.65	28.80	13.23	15.56
河 北	3.10	47.00	27.68	19.32
山 西	2.95	35.80	20.87	14.93
内蒙古	2.58	30.25	16.97	13.28
辽 宁	2.54	35.35	13.80	21.55
吉 林	2.60	33.44	15.71	17.73
黑龙江	2.47	31.15	13.08	18.07
上 海	2.38	35.68	13.62	22.07
江 苏	2.97	40.58	19.38	21.20
浙 江	2.55	37.15	17.91	19.25
安 徽	2.92	48.40	27.67	20.73
福 建	2.84	36.74	23.07	13.67
江 西	3.32	43.59	29.01	14.57
山 东	2.74	50.39	26.58	23.82
河 南	3.31	48.50	31.28	17.23
湖 北	2.94	40.15	21.83	18.32
湖 南	3.15	49.55	29.89	19.66
广 东	2.89	32.53	21.16	11.37
广 西	3.28	47.05	32.10	14.95
海 南	3.62	40.49	27.41	13.09
重 庆	2.82	47.33	24.72	22.61
四 川	2.75	47.39	24.19	23.20
贵 州	3.17	51.12	33.62	17.50
云 南	3.28	38.74	25.03	13.71
西 藏	4.13	47.23	38.38	8.86
陕 西	2.98	36.23	19.82	16.41
甘 肃	3.35	40.09	23.96	16.13
青 海	3.10	38.97	27.12	11.85
宁 夏	3.07	43.34	29.72	13.62
新 疆	3.31	47.51	35.61	11.90

资料来源：国家统计局，《中国统计年鉴2020》。

表11.5 2019年居民人均可支配收入

单位：元

地 区	合 计	城镇	农村
全 国	**30732.8**	**42358.8**	**16020.7**
北 京	67755.9	73848.5	28928.1
天 津	42404.1	46118.9	24804.1
河 北	25664.7	35737.7	15373.1
山 西	23828.5	33262.4	12902.4
内蒙古	30555.0	40782.5	15282.8
辽 宁	31819.7	39777.2	16108.3
吉 林	24562.9	32299.2	14936.0
黑龙江	24253.6	30944.6	14982.1
上 海	69441.6	73615.3	33195.2
江 苏	41399.7	51056.1	22675.4
浙 江	49898.8	60182.3	29875.8
安 徽	26415.1	37540.0	15416.0
福 建	35616.1	45620.5	19868.4
江 西	26262.4	36545.9	15796.3
山 东	31597.0	42329.2	17775.5
河 南	23902.7	34201.0	15163.7
湖 北	28319.5	37601.4	16390.9
湖 南	27679.7	39841.9	15394.8
广 东	39014.3	48117.6	18818.4
广 西	23328.2	34744.9	13675.7
海 南	26679.5	36016.7	15113.1
重 庆	28920.4	37938.6	15133.3
四 川	24703.1	36153.7	14670.1
贵 州	20397.4	34404.2	10756.3
云 南	22082.4	36237.7	11902.4
西 藏	19501.3	37410.0	12951.0
陕 西	24666.3	36098.2	12325.7
甘 肃	19139.0	32323.4	9628.9
青 海	22617.7	33830.3	11499.4
宁 夏	24411.9	34328.5	12858.4
新 疆	23103.4	34663.7	13121.7

资料来源：国家统计局，《中国统计年鉴2020》。

表11.6　2019年孕产妇死亡率

单位：1/10万

地区	合计	城市	农村
北　京	2.91	2.91	
天　津	5.12	5.12	
河　北	8.39	9.08	7.82
山　西	12.47	6.89	17.99
内蒙古	12.73	12.36	13.15
辽　宁	14.86	12.67	24.32
吉　林	12.53	12.04	14.46
黑龙江	18.43	16.52	22.45
上　海	3.06	3.06	
江　苏	7.32	7.57	6.53
浙　江	4.08	2.48	8.16
安　徽	11.30	11.99	10.89
福　建	8.11	8.88	7.25
江　西	7.37	8.95	6.26
山　东	8.21	7.74	8.81
河　南	9.18	9.19	9.17
湖　北	7.07	6.45	8.28
湖　南	9.49	9.65	9.38
广　东	7.25	6.81	9.25
广　西	11.49	12.84	10.50
海　南	9.61	11.61	5.70
重　庆	10.70	8.28	15.11
四　川	10.89	8.07	12.82
贵　州	16.54	15.14	17.25
云　南	14.47	13.31	15.02
西　藏	63.68	17.67	68.80
陕　西	9.79	11.45	8.42
甘　肃	12.88	15.23	11.55
青　海	28.38	13.64	34.62
宁　夏	17.61	13.93	22.18
新　疆	18.86	10.22	26.67

资料来源：国家卫生健康委员会。

表11.7 2019年孕产妇基本情况

单位：%

地区	住院分娩率	产前检查率	孕产妇系统管理率	孕产妇建卡率	产后访视率
全 国	**99.9**	**96.8**	**90.3**	**92.4**	**94.1**
北 京	100.0	98.5	90.4	91.9	90.8
天 津	100.0	98.2	94.4	98.8	97.6
河 北	100.0	96.8	89.1	91.5	92.6
山 西	100.0	96.8	85.3	84.3	92.3
内蒙古	100.0	97.7	93.7	96.1	95.0
辽 宁	100.0	98.0	91.8	92.3	95.3
吉 林	100.0	98.0	92.7	94.8	97.3
黑龙江	100.0	98.1	92.3	94.2	94.6
上 海	100.0	98.1	94.6	97.5	97.1
江 苏	100.0	98.3	86.9	86.1	95.3
浙 江	100.0	98.6	96.3	97.9	98.1
安 徽	100.0	95.7	88.9	91.8	94.0
福 建	100.0	97.9	91.6	92.5	94.8
江 西	100.0	97.1	92.5	95.2	95.1
山 东	100.0	95.7	92.5	94.9	93.6
河 南	100.0	93.7	83.8	86.8	88.6
湖 北	99.9	97.3	92.8	95.6	95.1
湖 南	100.0	97.4	94.5	96.1	96.0
广 东	100.0	97.3	92.9	93.1	95.2
广 西	100.0	99.1	93.8	99.9	95.7
海 南	99.9	97.3	87.8	92.9	91.8
重 庆	99.9	98.0	91.6	95.0	93.8
四 川	99.8	96.9	94.3	94.2	95.9
贵 州	99.6	96.1	91.2	93.8	93.7
云 南	99.8	98.1	76.4	81.6	94.4
西 藏	95.3	77.3	56.4	66.8	71.4
陕 西	100.0	97.3	93.2	95.7	94.9
甘 肃	99.9	97.1	90.8	92.8	95.0
青 海	98.9	96.1	91.9	88.8	93.4
宁 夏	100.0	88.5	86.5	89.1	88.2
新 疆	98.5	97.2	88.4	93.6	94.6

资料来源：国家卫生健康委员会。

表11.8　2019年分性别小学学龄儿童净入学率

单位：%

地区	合计	男	女
全　国	**99.94**	**99.94**	**99.93**
北　京	99.74	99.73	99.75
天　津	100.00	100.00	100.00
河　北	99.80	99.78	99.83
山　西	99.95	99.95	99.95
内蒙古	100.00	100.00	100.00
辽　宁	99.87	99.84	99.90
吉　林	99.28	99.33	99.22
黑龙江	99.96	99.96	99.96
上　海	99.99	99.98	99.99
江　苏	100.00	100.00	100.00
浙　江	99.99	99.99	99.99
安　徽	99.97	99.97	99.97
福　建	99.98	99.98	99.98
江　西	100.00	100.00	100.00
山　东	100.00	100.00	100.00
河　南	100.00	100.00	100.00
湖　北	100.00	100.00	100.00
湖　南	100.00	100.00	100.00
广　东	100.00	100.01	99.99
广　西	99.83	99.83	99.84
海　南	99.91	99.91	99.91
重　庆	99.99	99.99	99.99
四　川	99.93	99.92	99.93
贵　州	99.65	99.72	99.57
云　南	99.83	99.83	99.82
西　藏	99.72	99.91	99.52
陕　西	99.97	99.96	99.97
甘　肃	99.99	99.99	99.99
青　海	99.84	99.94	99.72
宁　夏	100.00	100.00	100.00
新　疆	99.97	99.97	99.98

资料来源：教育部。

表11.9　2019年各级学校生师比(教师人数=1)

地区	普通小学	初中	普通高中	中等职业学校	普通高校
全国	**16.85**	**12.88**	**12.99**	**18.94**	**17.95**
北京	13.58	8.33	7.41	8.20	16.90
天津	15.10	10.71	9.55	14.00	18.51
河北	17.18	14.11	13.19	15.98	18.00
山西	13.67	10.45	10.29	12.76	17.90
内蒙古	13.25	11.14	10.99	12.36	17.64
辽宁	14.20	10.18	11.48	13.84	18.46
吉林	11.29	9.88	13.20	8.47	18.96
黑龙江	11.94	10.38	12.86	13.30	15.97
上海	13.90	10.47	8.57	12.25	15.94
江苏	17.25	12.06	10.58	14.40	15.80
浙江	16.99	12.54	10.90	15.22	15.75
安徽	18.09	13.48	13.54	26.92	19.16
福建	18.79	13.04	12.30	19.96	16.66
江西	17.25	16.11	17.45	27.10	18.41
山东	16.68	12.32	11.70	15.19	18.52
河南	17.91	14.32	15.61	23.28	18.30
湖北	18.07	12.42	12.74	19.16	18.08
湖南	18.42	13.65	14.48	21.59	18.01
广东	18.68	13.34	12.35	19.52	17.37
广西	18.53	15.48	17.29	33.30	19.56
海南	16.26	13.67	12.70	27.37	17.92
重庆	16.02	13.74	15.46	20.99	18.64
四川	16.45	12.93	13.82	21.25	19.56
贵州	18.27	13.98	14.57	25.08	19.34
云南	16.69	13.79	14.55	25.50	21.34
西藏	14.72	11.72	11.40	14.24	15.48
陕西	16.26	11.24	11.90	17.95	18.42
甘肃	13.08	10.88	11.49	13.65	17.94
青海	17.60	13.49	12.64	34.56	16.54
宁夏	17.04	14.46	13.55	24.37	17.96
新疆	15.57	10.96	11.94	21.14	19.62

资料来源：教育部。

表 11.10 2019年每十万人口各级学校平均在校生数

单位：人

地 区	学前教育	小学	初中阶段[1]	高中阶段[2]	高等教育[3]
全 国	3378	7569	3459	2850	2857
北 京	2171	4371	1433	1078	5320
天 津	1768	4500	1945	1673	4214
河 北	3164	8988	3935	3053	2596
山 西	2681	6168	3071	2815	2515
内蒙古	2395	5379	2618	2330	2053
辽 宁	2099	4475	2328	2135	3136
吉 林	1522	4385	2421	2134	3373
黑龙江	1351	3389	2422	2054	2531
上 海	2357	3409	1860	1070	3582
江 苏	3154	7113	3012	2410	3311
浙 江	3377	6399	2853	2626	2509
安 徽	3343	7307	3460	3109	2447
福 建	4303	8485	3462	2677	2577
江 西	3567	8852	4735	3400	3010
山 东	3365	7351	3592	2720	2855
河 南	4486	10541	4877	3685	2913
湖 北	3005	6363	2795	2239	3248
湖 南	3299	7664	3598	2930	2873
广 东	4094	9108	3429	2855	2751
广 西	4401	10049	4476	3843	2887
海 南	4017	9134	3951	3361	2497
重 庆	3167	6650	3597	3298	3258
四 川	3170	6663	3282	2776	2546
贵 州	4292	10786	4980	4170	2453
云 南	3103	7973	3821	3244	2401
西 藏	4118	9911	4064	2643	1588
陕 西	3596	7184	2908	2868	3812
甘 肃	3537	7362	3344	2831	2396
青 海	3564	8267	3736	3490	1486
宁 夏	3602	8491	4343	3422	2581
新 疆	6110	10482	3929	3496	2106

资料来源：教育部。
1注：包括普通初中和职业初中。
2注：包括普通高中、成人高中、普通中专、职业高中、技工学校和成人中专。
3注：包括普通高等学校和成人高等学校。

表11.11　2019年文盲人口占15岁及以上人口的比重

单位：%

地　区	文盲人口占15岁及以上人口比重	男	女
全　国	**4.59**	**2.22**	**7.01**
北　京	1.73	1.19	2.26
天　津	1.72	0.89	2.76
河　北	2.54	1.18	3.92
山　西	2.00	1.11	2.90
内蒙古	4.15	2.43	5.98
辽　宁	1.29	0.69	1.90
吉　林	2.25	1.28	3.21
黑龙江	2.58	1.58	3.60
上　海	2.49	1.07	4.01
江　苏	4.75	1.97	7.57
浙　江	4.52	1.96	7.24
安　徽	6.43	2.92	9.89
福　建	6.81	2.82	11.00
江　西	2.95	1.16	4.73
山　东	7.33	3.28	11.33
河　南	4.45	2.19	6.67
湖　北	4.84	2.40	7.25
湖　南	2.71	1.29	4.14
广　东	2.99	1.06	5.25
广　西	2.73	1.01	4.54
海　南	3.84	2.01	5.72
重　庆	3.15	1.71	4.56
四　川	6.81	3.70	9.73
贵　州	10.19	4.77	15.83
云　南	7.31	4.24	10.46
西　藏	33.11	23.41	42.56
陕　西	3.97	2.03	5.94
甘　肃	10.48	5.32	15.68
青　海	10.60	5.69	15.84
宁　夏	8.39	4.72	12.21
新　疆	3.71	2.94	4.47

资料来源：国家统计局，《中国统计年鉴2020》。

表11.12　2019年城镇职工基本养老保险参保人数及性别构成

地　区	参保人数（万人）	#女	性别构成(%)	
			男	女
全　国	**43487.9**	**19800.6**	**54.5**	**45.5**
北　京	1748.2	746.2	57.3	42.7
天　津	695.6	395.9	43.1	56.9
河　北	1654.5	775.2	53.1	46.9
山　西	871.5	275.9	68.3	31.7
内蒙古	763.4	335.4	56.1	43.9
辽　宁	2026.2	998.7	50.7	49.3
吉　林	882.1	435.3	50.6	49.4
黑龙江	1364.9	645.2	52.7	47.3
上　海	1589.6	759.3	52.2	47.8
江　苏	3417.4	1637.5	52.1	47.9
浙　江	3031.7	1498.3	50.6	49.4
安　徽	1217.0	582.1	52.2	47.8
福　建	1137.3	521.3	54.2	45.8
江　西	1096.9	477.0	56.5	43.5
山　东	2868.0	1245.3	56.6	43.4
河　南	2133.8	791.4	62.9	37.1
湖　北	1684.8	820.2	51.3	48.7
湖　南	1557.8	572.4	63.3	36.7
广　东	4633.4	2083.0	55.0	45.0
广　西	869.5	360.6	58.5	41.5
海　南	281.0	121.3	56.8	43.2
重　庆	1127.7	562.5	50.1	49.9
四　川	2700.3	1389.1	48.6	51.4
贵　州	677.5	290.1	57.2	42.8
云　南	649.9	276.6	57.4	42.6
西　藏	48.2	23.9	50.5	49.5
陕　西	1080.7	452.5	58.1	41.9
甘　肃	469.4	205.3	56.3	43.7
青　海	152.8	69.7	54.4	45.6
宁　夏	226.6	112.4	50.4	49.6
新　疆	567.3	255.1	55.0	45.0
新疆兵团	176.9	86.2	51.3	48.7

资料来源：人力资源和社会保障部。
注：女性人数中未包括中央单位。

表11.13　2019年城乡居民基本养老保险参保人数及性别构成

地　区	参保人数（万人）	#女	性别构成(%)	
			男	女
全　国	53266.0	25449.0	52.2	47.8
北　京	204.7	114.5	44.1	55.9
天　津	164.5	91.8	44.2	55.8
河　北	3524.1	1809.5	48.7	51.3
山　西	1627.8	601.0	63.1	36.9
内蒙古	768.2	297.2	61.3	38.7
辽　宁	1057.7	545.5	48.4	51.6
吉　林	702.1	355.4	49.4	50.6
黑龙江	916.7	436.9	52.3	47.7
上　海	77.1	41.3	46.4	53.6
江　苏	2336.9	630.5	73.0	27.0
浙　江	1199.4	610.6	49.1	50.9
安　徽	3501.7	1881.7	46.3	53.7
福　建	1554.1	788.1	49.3	50.7
江　西	1888.9	933.4	50.6	49.4
山　东	4560.3	2340.9	48.7	51.3
河　南	5196.6	2589.5	50.2	49.8
湖　北	2345.4	1252.4	46.6	53.4
湖　南	3413.6	1652.7	51.6	48.4
广　东	2646.2	1232.9	53.4	46.6
广　西	1983.7	963.0	51.5	48.5
海　南	305.0	148.3	51.4	48.6
重　庆	1162.7	568.4	51.1	48.9
四　川	3368.7	1616.0	52.0	48.0
贵　州	1855.8	898.4	51.6	48.4
云　南	2410.0	1161.1	51.8	48.2
西　藏	166.0			
陕　西	1765.6	685.5	61.2	38.8
甘　肃	1372.6	628.7	54.2	45.8
青　海	261.1	135.0	48.3	51.7
宁　夏	194.7	100.9	48.2	51.8
新　疆	715.5	330.0	53.9	46.1
新疆兵团	18.7	7.7	58.7	41.3

资料来源：人力资源和社会保障部。
注：女性数据为不完全统计数据。

表11.14　2019年城镇职工基本医疗保险参保人数及性别构成

地　区	参保人数 （万人）	#女	性别构成(%)	
			男	女
全　国	32924.7	15789.7	52.0	48.0
北　京	1682.5	777.0	53.8	46.2
天　津	595.0	270.4	54.6	45.4
河　北	1079.2	496.1	54.0	46.0
山　西	702.0	313.4	55.4	44.6
内蒙古	530.7	243.7	54.1	45.9
辽　宁	1552.1	824.6	46.9	53.1
吉　林	525.9	272.5	48.2	51.8
黑龙江	873.6	424.9	51.4	48.6
上　海	1539.3	737.1	52.1	47.9
江　苏	2954.0	1457.5	50.7	49.3
浙　江	2426.6	1170.0	51.8	48.2
安　徽	888.1	396.3	55.4	44.6
福　建	841.4	409.9	51.3	48.7
江　西	579.0	296.1	48.9	51.1
山　东	2173.8	1024.9	52.9	47.1
河　南	1281.6	619.9	51.6	48.4
湖　北	1093.2	525.3	52.0	48.0
湖　南	930.6	428.1	54.0	46.0
广　东	4375.7	2091.3	52.2	47.8
广　西	620.5	300.6	51.6	48.4
海　南	236.1	114.1	51.7	48.3
重　庆	720.6	343.1	52.4	47.6
四　川	1778.1	884.4	50.3	49.7
贵　州	462.0	220.0	52.4	47.6
云　南	528.0	256.7	51.4	48.6
西　藏	47.7	5.2	89.1	10.9
陕　西	712.9	317.7	55.4	44.6
甘　肃	344.3	163.3	52.6	47.4
青　海	103.7	51.0	50.9	49.1
宁　夏	141.1	64.7	54.1	45.9
新　疆	462.0	216.5	53.1	46.9
新疆兵团	143.0	73.6	48.5	51.5

资料来源：国家医疗保障局。

表11.15　2019年失业保险参保人数及性别构成

地 区	参保人数（万人）	#女	性别构成(%) 男	性别构成(%) 女
全　国	20542.7	8677.2	57.8	42.2
北　京	1294.8	569.1	56.0	44.0
天　津	335.5	134.2	60.0	40.0
河　北	554.1	228.3	58.8	41.2
山　西	443.9	134.8	69.6	30.4
内蒙古	267.4	101.0	62.2	37.8
辽　宁	668.2	287.3	57.0	43.0
吉　林	273.6	114.2	58.3	41.7
黑龙江	324.0	132.3	59.2	40.8
上　海	984.9	427.3	56.6	43.4
江　苏	1794.2	786.1	56.2	43.8
浙　江	1561.7	685.1	56.1	43.9
安　徽	518.8	206.7	60.2	39.8
福　建	610.6	277.9	54.5	45.5
江　西	289.7	115.7	60.1	39.9
山　东	1366.0	575.9	57.8	42.2
河　南	837.3	332.2	60.3	39.7
湖　北	619.5	254.5	58.9	41.1
湖　南	606.6	243.2	59.9	40.1
广　东	3498.8	1493.8	57.3	42.7
广　西	363.0	168.7	53.5	46.5
海　南	178.6	76.3	57.3	42.7
重　庆	515.0	227.8	55.8	44.2
四　川	953.5	419.3	56.0	44.0
贵　州	276.1	114.2	58.6	41.4
云　南	289.2	127.0	56.1	43.9
西　藏	25.3	13.4	47.2	52.8
陕　西	426.4	163.5	61.6	38.4
甘　肃	173.0	68.0	60.7	39.3
青　海	43.8	16.8	61.6	38.4
宁　夏	97.4	34.2	64.8	35.2
新　疆	283.1	121.4	57.1	42.9
新疆兵团	69.0	27.2	60.6	39.4

资料来源：人力资源和社会保障部。

表11.16 2019年工伤保险参保人数及性别构成

地 区	参保人数（万人）	#女	性别构成(%) 男	性别构成(%) 女
全 国	25478.4	9684.4	62.0	38.0
北 京	1242.2	534.9	56.9	43.1
天 津	400.2	138.8	65.3	34.7
河 北	951.4	307.9	67.6	32.4
山 西	624.2	201.9	67.6	32.4
内蒙古	338.2	115.7	65.8	34.2
辽 宁	816.8	322.8	60.5	39.5
吉 林	445.9	177.0	60.3	39.7
黑龙江	464.1	201.4	56.6	43.4
上 海	1084.1	425.0	60.8	39.2
江 苏	2016.3	763.6	62.1	37.9
浙 江	2257.4	823.5	63.5	36.5
安 徽	639.1	240.7	62.3	37.7
福 建	891.1	375.4	57.9	42.1
江 西	539.4	193.3	64.2	35.8
山 东	1710.7	632.8	63.0	37.0
河 南	966.2	390.0	59.6	40.4
湖 北	717.6	235.3	67.2	32.8
湖 南	807.6	216.0	73.3	26.7
广 东	3815.8	1554.3	59.3	40.7
广 西	442.2	196.9	55.5	44.5
海 南	159.6	70.9	55.6	44.4
重 庆	661.7	238.2	64.0	36.0
四 川	1177.1	485.8	58.7	41.3
贵 州	408.5	151.1	63.0	37.0
云 南	438.5	175.3	60.0	40.0
西 藏	36.8	19.2	47.9	52.1
陕 西	577.4	186.6	67.7	32.3
甘 肃	244.1	82.6	66.2	33.8
青 海	74.0	22.8	69.2	30.8
宁 夏	119.6	42.2	64.7	35.3
新 疆	324.8	135.2	58.4	41.6
新疆兵团	85.4	27.5	67.8	32.2

资料来源：人力资源和社会保障部。

表11.17　2019年生育保险参保人数及性别构成

地 区	参保人数（万人）	#女	性别构成(%)	
			男	女
全　国	**21417.3**	**9342.6**	**56.4**	**43.6**
北　京	1164.4	512.0	56.0	44.0
天　津	341.3	141.8	58.5	41.5
河　北	811.0	361.8	55.4	44.6
山　西	489.6	204.3	58.3	41.7
内蒙古	320.6	133.8	58.3	41.7
辽　宁	789.4	356.2	54.9	45.1
吉　林	326.3	137.7	57.8	42.2
黑龙江	343.5	129.9	62.2	37.8
上　海	989.6	432.3	56.3	43.7
江　苏	1868.8	819.7	56.1	43.9
浙　江	1561.1	678.2	56.6	43.4
安　徽	622.3	257.6	58.6	41.4
福　建	621.7	280.9	54.8	45.2
江　西	303.3	144.6	52.3	47.7
山　东	1298.8	543.0	58.2	41.8
河　南	765.3	347.3	54.6	45.4
湖　北	577.7	259.7	55.0	45.0
湖　南	600.4	266.8	55.6	44.4
广　东	3669.4	1595.8	56.5	43.5
广　西	405.9	191.4	52.9	47.1
海　南	168.8	75.1	55.5	44.5
重　庆	466.9	209.0	55.2	44.8
四　川	954.9	433.1	54.6	45.4
贵　州	349.6	157.3	55.0	45.0
云　南	356.0	152.9	57.1	42.9
西　藏	34.3	14.6	57.6	42.4
陕　西	454.5	183.2	59.7	40.3
甘　肃	221.8	89.3	59.7	40.3
青　海	61.8	25.6	58.6	41.4
宁　夏	94.7	40.1	57.6	42.4
新　疆	312.9	139.5	55.4	44.6
新疆兵团	70.7	28.4	59.9	40.1

资料来源：国家医疗保障局。

表11.18 2019年就业困难人员实现就业人数及性别构成

地 区	人 数（人）	#女	性别构成(%)	
			男	女
全 国	2694613	1313417	51.3	48.7
北 京	155812	49411	68.3	31.7
天 津	43848	20639	52.9	47.1
河 北	116905	55181	52.8	47.2
山 西	45473	18121	60.1	39.9
内蒙古	60430	30320	49.8	50.2
辽 宁	122766	59456	51.6	48.4
吉 林	62537	29438	52.9	47.1
黑龙江	163335	71940	56.0	44.0
上 海	50786	24080	52.6	47.4
江 苏	187963	94491	49.7	50.3
浙 江	153105	75562	50.6	49.4
安 徽	62997	27410	56.5	43.5
福 建	37350	18089	51.6	48.4
江 西	51428	22952	55.4	44.6
山 东	116474	64970	44.2	55.8
河 南	128428	65126	49.3	50.7
湖 北	180262	92868	48.5	51.5
湖 南	124355	47788	61.6	38.4
广 东	138871	77186	44.4	55.6
广 西	48762	31665	35.1	64.9
海 南	12821	5840	54.4	45.6
重 庆	132321	83172	37.1	62.9
四 川	99030	51778	47.7	52.3
贵 州	77499	41937	45.9	54.1
云 南	124494	55711	55.3	44.7
西 藏	7041	2260	67.9	32.1
陕 西	68212	30685	55.0	45.0
甘 肃	59531	29327	50.7	49.3
青 海	4560	2204	51.7	48.3
宁 夏	8433	5476	35.1	64.9
新 疆	36727	21394	41.7	58.3
新疆兵团	12057	6940	42.4	57.6

资料来源：人力资源和社会保障部。

表11.19　2019年城市居民最低生活保障人数及性别构成

地　区	城市居民最低生活保障人数（人）	#女	性别构成(%) 男	性别构成(%) 女
全　国	**8608708**	**3862860**	**55.1**	**44.9**
北　京	65423	12085	81.5	18.5
天　津	75775	34594	54.3	45.7
河　北	194699	84273	56.7	43.3
山　西	280415	134151	52.2	47.8
内蒙古	338880	166871	50.8	49.2
辽　宁	391521	158553	59.5	40.5
吉　林	438036	210090	52.0	48.0
黑龙江	597948	266774	55.4	44.6
上　海	148470	58708	60.5	39.5
江　苏	122551	52905	56.8	43.2
浙　江	194340	79021	59.3	40.7
安　徽	366838	164474	55.2	44.8
福　建	61852	28412	54.1	45.9
江　西	359408	153105	57.4	42.6
山　东	132837	62979	52.6	47.4
河　南	440656	180845	59.0	41.0
湖　北	318383	148645	53.3	46.7
湖　南	506859	238729	52.9	47.1
广　东	156563	70495	55.0	45.0
广　西	304874	141363	53.6	46.4
海　南	36846	16168	56.1	43.9
重　庆	280973	125721	55.3	44.7
四　川	768376	316260	58.8	41.2
贵　州	488184	213849	56.2	43.8
云　南	437531	211998	51.5	48.5
西　藏	25260	9329	63.1	36.9
陕　西	215676	106556	50.6	49.4
甘　肃	396744	176419	55.5	44.5
青　海	64703	35574	45.0	55.0
宁　夏	93212	47293	49.3	50.7
新　疆	304875	156621	48.6	51.4

资料来源：民政部。

表11.20　2019年农村居民最低生活保障人数及性别构成

地　区	农村居民最低生活保障人数（人）	#女	性别构成(%) 男	性别构成(%) 女
全　国	**34553896**	**15027899**	**56.5**	**43.5**
北　京	37671	6094	83.8	16.2
天　津	65194	25213	61.3	38.7
河　北	1574256	633680	59.7	40.3
山　西	961434	430102	55.3	44.7
内蒙古	1288734	683846	46.9	53.1
辽　宁	602876	235649	60.9	39.1
吉　林	515838	260364	49.5	50.5
黑龙江	802115	387181	51.7	48.3
上　海	31463	15290	51.4	48.6
江　苏	688625	278040	59.6	40.4
浙　江	460688	186795	59.5	40.5
安　徽	1783789	753679	57.7	42.3
福　建	414534	175247	57.7	42.3
江　西	1422597	577440	59.4	40.6
山　东	1177686	486947	58.7	41.3
河　南	2725942	1035051	62.0	38.0
湖　北	1392808	643405	53.8	46.2
湖　南	1342493	613890	54.3	45.7
广　东	1247362	532901	57.3	42.7
广　西	2469207	1137145	53.9	46.1
海　南	146949	65921	55.1	44.9
重　庆	578941	262175	54.7	45.3
四　川	3537479	1339813	62.1	37.9
贵　州	2073393	906964	56.3	43.7
云　南	2511001	1155886	54.0	46.0
西　藏	132462	58627	55.7	44.3
陕　西	856623	382094	55.4	44.6
甘　肃	1381176	538822	61.0	39.0
青　海	281744	141766	49.7	50.3
宁　夏	383268	183709	52.1	47.9
新　疆	1665548	894163	46.3	53.7

资料来源：民政部。

表11.21 2019年城乡居民最低生活保障平均标准

地 区	城市平均低保标准（元／人月）	农村平均低保标准（元／人年）
全 国	**624.0**	**5335.5**
北 京	1100.0	13200.0
天 津	980.0	11760.0
河 北	663.4	4907.1
山 西	550.5	4758.9
内 蒙 古	689.0	5841.5
辽 宁	635.8	5081.6
吉 林	525.3	4065.0
黑 龙 江	584.0	4124.2
上 海	1160.0	13920.0
江 苏	718.3	8457.5
浙 江	811.5	9740.4
安 徽	597.1	6860.4
福 建	615.2	7320.7
江 西	635.5	4638.5
山 东	576.6	5092.4
河 南	539.1	4089.4
湖 北	636.3	5692.6
湖 南	516.9	4505.2
广 东	806.6	7625.2
广 西	665.8	4473.1
海 南	562.8	5236.8
重 庆	580.0	5336.9
四 川	552.0	4476.5
贵 州	613.4	4410.5
云 南	619.8	4353.7
西 藏	834.1	4333.2
陕 西	607.8	4665.3
甘 肃	530.2	4167.7
青 海	575.4	4119.7
宁 夏	574.6	4040.0
新 疆	467.2	4250.7

资料来源：民政部。

表11.22　2019年农村特困人员人数及性别构成

地　区	人　数 （人）	#女	性别构成(%)	
			男	女
全　国	4391294	469874	89.3	10.7
北　京	5338	337	93.7	6.3
天　津	10347	841	91.9	8.1
河　北	260838	13269	94.9	5.1
山　西	133076	7049	94.7	5.3
内蒙古	83897	4361	94.8	5.2
辽　宁	127044	10225	92.0	8.0
吉　林	76485	10326	86.5	13.5
黑龙江	95118	16173	83.0	17.0
上　海	2127	118	94.5	5.5
江　苏	203728	17284	91.5	8.5
浙　江	26132	1777	93.2	6.8
安　徽	355803	39571	88.9	11.1
福　建	63038	5714	90.9	9.1
江　西	127477	26437	79.3	20.7
山　东	241442	18161	92.5	7.5
河　南	492154	46100	90.6	9.4
湖　北	242857	30945	87.3	12.7
湖　南	364898	46412	87.3	12.7
广　东	214366	20661	90.4	9.6
广　西	236210	25684	89.1	10.9
海　南	21828	3262	85.1	14.9
重　庆	98668	7362	92.5	7.5
四　川	437035	39813	90.9	9.1
贵　州	82502	8308	89.9	10.1
云　南	113639	25675	77.4	22.6
西　藏	13518	6241	53.8	46.2
陕　西	123374	9977	91.9	8.1
甘　肃	93753	13371	85.7	14.3
青　海	16361	5922	63.8	36.2
宁　夏	8991	2251	75.0	25.0
新　疆	19250	6247	67.5	32.5

资料来源：民政部。

表11.23 2019年社区服务机构和设施基本情况

单位：个

地 区	社区服务机构和设施	社区服务指导中心	社区服务中心	社区服务站	其他
全 国	527757	548	27489	224986	274734
北 京	12128	17	204	6445	5462
天 津	2903	9	322	1703	869
河 北	37799	20	396	4739	32644
山 西	7679	10	517	1403	5749
内蒙古	5085	4	1009	1542	2530
辽 宁	8330	14	887	4529	2900
吉 林	16277	4	903	11223	4147
黑龙江	3765	16	597	1374	1778
上 海	9375	6	915	4738	3716
江 苏	44552	55	3640	14663	26194
浙 江	38711	23	3505	14566	20617
安 徽	8104	37	1128	3110	3829
福 建	11455	3	248	3508	7696
江 西	15037	42	402	11397	3196
山 东	28662	76	1316	10038	17232
河 南	39313	7	1807	32720	4779
湖 北	33037	16	1144	13867	18010
湖 南	18509	33	691	4180	13605
广 东	71249	21	1964	25627	43637
广 西	14070	4	236	2090	11740
海 南	3213		27	2752	434
重 庆	13911	4	180	8182	5545
四 川	25470	51	1749	10359	13311
贵 州	23525	11	1467	17523	4524
云 南	5999	4	404	3263	2328
西 藏	84		1		83
陕 西	10897	36	566	2794	7501
甘 肃	11278	11	603	2531	8133
青 海	1960	1	46	416	1497
宁 夏	2836	2	57	2175	602
新 疆	2544	11	558	1529	446

资料来源：民政部。

表11.24　2019年结婚登记情况

地区	结婚登记（万对）	内地居民	初婚（万人）	再婚（万人）	涉外及华侨港澳台居民（对）	结婚率（‰）
全　国	**927.3**	**922.4**	**1398.7**	**455.9**	**49359**	**6.6**
北　京	12.9	12.8	14.2	11.6	754	6.0
天　津	9.6	9.6	14.1	5.2	310	6.2
河　北	42.1	42.0	55.1	29.1	1347	5.5
山　西	25.5	25.5	42.6	8.4	146	6.8
内蒙古	16.2	16.2	20.7	11.7	237	6.4
辽　宁	25.6	25.4	32.2	18.9	1307	5.9
吉　林	18.1	18.0	21.3	14.8	746	6.7
黑龙江	24.4	24.3	40.0	8.9	1246	6.5
上　海	9.9	9.7	12.0	7.7	1274	4.1
江　苏	56.9	56.8	83.8	30.0	1354	7.1
浙　江	29.4	29.1	43.5	15.2	2768	5.0
安　徽	54.2	53.9	83.3	25.0	2320	8.5
福　建	24.0	23.5	39.2	8.9	5111	6.0
江　西	28.9	28.7	46.3	11.4	1861	6.2
山　东	53.3	53.1	72.4	34.2	1559	5.3
河　南	76.4	76.3	120.4	32.4	1940	7.9
湖　北	38.9	38.8	63.1	14.7	1398	6.6
湖　南	38.0	37.8	54.8	21.3	2174	5.5
广　东	67.5	66.5	114.3	20.6	9398	5.9
广　西	33.0	32.6	53.3	12.8	4027	6.7
海　南	6.6	6.5	11.3	1.8	426	6.9
重　庆	23.8	23.8	30.4	17.3	761	7.6
四　川	61.3	61.2	88.5	34.1	1589	7.3
贵　州	36.2	36.2	57.7	14.8	531	10.0
云　南	35.9	35.5	54.1	17.7	3858	7.4
西　藏	3.1	3.1	6.1	0.2	11	8.9
陕　西	27.2	27.1	41.0	13.4	569	7.0
甘　肃	19.9	19.8	32.4	7.3	166	7.5
青　海	5.8	5.8	9.7	1.9	23	9.5
宁　夏	6.1	6.1	9.9	2.3	47	8.8
新　疆	16.6	16.6	31.0	2.2	101	6.6

资料来源：民政部。

表11.25 2019年分年龄组结婚登记人数

单位：万人

地区	合计	20—24岁	25—29岁	30—34岁	35—39岁	40岁及以上
全 国	**1854.7**	**365.4**	**642.2**	**328.0**	**150.5**	**368.5**
北 京	25.8	1.2	8.0	6.2	3.6	6.8
天 津	19.3	1.8	6.2	4.7	2.7	3.9
河 北	84.3	17.9	30.2	16.0	7.7	12.4
山 西	51.0	9.6	20.2	7.0	3.2	10.9
内蒙古	32.4	4.0	12.0	6.2	3.2	6.9
辽 宁	51.1	5.9	16.7	10.9	5.2	12.4
吉 林	36.2	3.9	10.2	7.2	3.7	11.3
黑龙江	48.9	5.1	11.9	8.6	5.2	18.1
上 海	19.7	0.9	6.5	4.7	2.5	5.1
江 苏	113.9	16.6	37.9	17.3	8.1	34.0
浙 江	58.7	8.0	23.7	10.7	4.7	11.6
安 徽	108.3	24.4	36.2	14.6	6.8	26.4
福 建	48.1	8.1	19.1	9.1	3.6	8.1
江 西	57.7	16.0	19.5	8.7	3.8	9.7
山 东	106.6	24.0	35.8	21.7	8.8	16.3
河 南	152.9	35.8	48.7	24.9	12.5	31.0
湖 北	77.9	9.9	29.9	15.0	5.9	17.2
湖 南	76.1	15.0	25.8	16.3	6.8	12.1
广 东	134.9	29.2	57.2	24.2	9.7	14.6
广 西	66.1	14.2	21.5	14.2	6.6	9.6
海 南	13.1	2.5	4.7	2.4	1.1	2.5
重 庆	47.7	10.2	15.6	7.8	3.6	10.4
四 川	122.6	29.4	40.8	20.2	8.6	23.6
贵 州	72.5	19.6	21.1	11.0	6.0	14.7
云 南	71.8	19.4	21.7	11.2	5.7	13.9
西 藏	6.2	1.5	2.3	1.5	0.5	0.4
陕 西	54.4	8.9	24.7	10.7	3.9	6.2
甘 肃	39.7	9.8	15.9	6.2	2.3	5.5
青 海	11.5	2.7	3.3	1.6	1.0	2.9
宁 夏	12.2	2.8	3.9	1.5	0.8	3.1
新 疆	33.2	6.9	11.4	5.6	2.5	6.8

资料来源：民政部。

表11.26 2019年离婚情况

地区	离婚(万对)	民政部门登记	内地居民	涉外及华侨港澳台居民(对)	法院部门办理(件)	离婚率(‰)
全 国	470.1	404.7	404.0	7104	653442	3.4
北 京	8.4	7.6	7.6	256	7438	3.9
天 津	7.5	7.0	7.0	89	4756	4.8
河 北	25.6	21.8	21.8	121	37343	3.4
山 西	9.1	7.4	7.4	11	17528	2.4
内蒙古	10.0	8.4	8.4	122	15610	3.9
辽 宁	17.7	15.8	15.7	221	19298	4.1
吉 林	13.0	12.0	12.0	100	9605	4.8
黑龙江	18.7	17.0	17.0	202	16701	5.0
上 海	6.2	5.5	5.4	409	6834	2.5
江 苏	30.0	26.1	26.0	244	38940	3.7
浙 江	15.4	13.0	13.0	361	24163	2.6
安 徽	25.0	21.7	21.7	227	32973	3.9
福 建	11.2	9.8	9.7	836	14853	2.8
江 西	13.2	11.4	11.3	158	18319	2.8
山 东	28.5	23.7	23.7	186	47206	2.8
河 南	35.7	31.3	31.2	244	43819	3.7
湖 北	21.2	18.8	18.8	205	23676	3.6
湖 南	22.0	18.9	18.8	254	31845	3.2
广 东	24.8	22.2	22.1	1489	25592	2.2
广 西	14.3	12.2	12.1	231	21035	2.9
海 南	2.1	1.9	1.9	73	2843	2.3
重 庆	15.6	13.8	13.8	169	17725	5.0
四 川	31.9	27.8	27.8	268	41185	3.8
贵 州	16.6	13.5	13.4	82	31610	4.6
云 南	14.4	11.7	11.7	406	27350	3.0
西 藏	0.5	0.4	0.4	5	857	1.5
陕 西	13.7	10.7	10.7	83	29659	3.5
甘 肃	6.2	4.5	4.5	25	17614	2.3
青 海	1.8	1.3	1.3	2	5289	3.0
宁 夏	2.4	1.9	1.9	9	5429	3.5
新 疆	7.3	5.7	5.7	16	16347	2.9

资料来源:民政部。

表11.27 2019年社会组织和群众性自治组织中女性比重

单位：%

地　区	社会团体	基金会	民办非企业
全　国	**22.4**	**19.4**	**45.3**
中央本级	45.7		57.7
北　京	45.3	28.2	63.2
天　津	12.2	62.1	46.1
河　北	16.4	43.5	51.6
山　西	24.7	17.0	39.9
内蒙古	25.4	28.2	45.2
辽　宁	27.2	30.5	51.2
吉　林	18.8	20.0	34.1
黑龙江	29.3	80.7	41.5
上　海	16.4	9.9	20.8
江　苏	19.7	12.2	26.9
浙　江	13.8	18.2	49.9
安　徽	15.1	5.2	39.5
福　建	19.4	12.3	46.1
江　西	17.3	38.0	36.2
山　东	37.9	23.8	55.8
河　南	25.0	11.7	47.1
湖　北	22.5	5.0	48.7
湖　南	12.3	8.9	37.7
广　东	20.4	17.4	54.2
广　西	21.9	9.4	58.2
海　南	22.1	13.4	48.6
重　庆	24.0	30.6	61.6
四　川	33.6	48.9	46.5
贵　州	17.0	31.8	47.1
云　南	15.4	35.2	42.4
西　藏	28.0	25.7	40.6
陕　西	17.2	7.8	38.7
甘　肃	11.7	19.9	34.2
青　海	18.9	48.9	58.6
宁　夏	21.2	42.6	42.2
新　疆	35.8	40.2	39.4

资料来源：民政部。

表11.27 续

单位：%

地 区	居委会		村委会	
	成员	主任	成员	主任
全 国	**50.9**	**39.7**	**23.8**	**11.9**
北 京	74.8	64.8	32.6	9.1
天 津	68.9	63.2	23.4	7.1
河 北	61.7	46.8	17.0	7.2
山 西	55.7	38.9	21.4	6.9
内蒙古	64.6	61.1	25.3	6.6
辽 宁	73.7	67.5	26.5	12.2
吉 林	52.9	50.4	31.8	14.5
黑龙江	70.2	66.5	20.9	14.0
上 海	62.2	64.8	34.4	32.0
江 苏	43.6	36.3	23.4	16.3
浙 江	44.4	34.3	29.6	6.6
安 徽	46.0	34.9	25.9	14.7
福 建	49.9	38.7	24.4	7.1
江 西	42.6	36.5	21.0	21.6
山 东	42.9	35.7	29.6	20.7
河 南	42.7	33.8	19.7	12.9
湖 北	52.7	37.4	28.1	10.0
湖 南	41.5	27.8	28.1	10.2
广 东	49.7	32.8	23.9	3.6
广 西	50.8	36.7	23.3	7.6
海 南	26.3	12.4	19.3	9.1
重 庆	54.4	36.8	31.3	12.3
四 川	40.6	30.5	26.0	14.9
贵 州	40.2	27.5	19.8	9.4
云 南	33.3	21.3	19.3	9.1
西 藏	25.0	15.8	18.7	16.5
陕 西	52.6	30.9	20.5	4.4
甘 肃	45.0	40.4	15.9	12.0
青 海	52.3	40.9	16.6	7.5
宁 夏	80.4	61.4	28.2	4.9
新 疆	47.3	29.5	20.6	12.7

资料来源：民政部。

表11.28 2019年R&D人员及性别构成

地区	人数（人）	#女	性别构成(%)	
			男	女
全国	7129256	1853528	74.0	26.0
北京	464178	147982	68.1	31.9
天津	143888	39435	72.6	27.4
河北	183151	51201	72.0	28.0
山西	78778	21185	73.1	26.9
内蒙古	39936	12062	69.8	30.2
辽宁	159286	46015	71.1	28.9
吉林	75736	27409	63.8	36.2
黑龙江	69537	22970	67.0	33.0
上海	293346	81307	72.3	27.7
江苏	897701	222782	75.2	24.8
浙江	713684	173930	75.6	24.4
安徽	262498	55269	78.9	21.1
福建	261612	69607	73.4	26.6
江西	160329	41131	74.3	25.7
山东	442333	120658	72.7	27.3
河南	296349	73988	75.0	25.0
湖北	285507	71101	75.1	24.9
湖南	249107	65005	73.9	26.1
广东	1091544	242621	77.8	22.2
广西	82445	26698	67.6	32.4
海南	14559	5315	63.5	36.5
重庆	160668	42671	73.4	26.6
四川	270123	70156	74.0	26.0
贵州	67285	18262	72.9	27.1
云南	92992	28854	69.0	31.0
西藏	2896	1156	60.1	39.9
陕西	167628	44598	73.4	26.6
甘肃	46047	12370	73.1	26.9
青海	9661	3020	68.7	31.3
宁夏	20924	5764	72.5	27.5
新疆	25628	9006	64.9	35.1

资料来源：国家统计局，《中国科技统计年鉴2020》。

表11.34 2019年农村集中式供水受益人口比重及人均水资源量

地 区	农村集中式供水受益人口比重（%）	人均水资源量（立方米）
全 国	**87.0**	**2077.7**
北 京	99.9	114.2
天 津	99.7	51.9
河 北	95.0	149.9
山 西	96.0	261.3
内蒙古	82.2	1765.5
辽 宁	83.8	587.8
吉 林	77.9	1876.2
黑龙江	93.6	4017.5
上 海		199.1
江 苏	100.0	287.5
浙 江	99.7	2281.0
安 徽	90.0	850.9
福 建	93.4	3446.8
江 西	88.0	4405.4
山 东	90.0	194.1
河 南	90.0	175.2
湖 北	91.0	1036.3
湖 南	88.0	3037.3
广 东	95.0	1808.9
广 西	85.0	4258.7
海 南	99.0	2685.5
重 庆	88.0	1600.1
四 川	83.0	3288.9
贵 州	87.0	3092.9
云 南	88.0	3166.4
西 藏	83.0	129407.2
陕 西	95.0	1279.8
甘 肃	91.1	1233.5
青 海	97.8	15182.5
宁 夏	80.0	182.2
新 疆	83.0	3473.5
新疆兵团	100.0	

资料来源：水利部。

表11.29　2019年在岗专职教练员人数及性别构成

地　区	人数（人）	#女	性别构成(%)	
			男	女
全　国	25860	7301	71.8	28.2
中　央	126	29	77.0	23.0
北　京	739	235	68.2	31.8
天　津	481	155	67.8	32.2
河　北	886	280	68.4	31.6
山　西	787	245	68.9	31.1
内蒙古	555	143	74.2	25.8
辽　宁	1279	391	69.4	30.6
吉　林	790	250	68.4	31.6
黑龙江	1053	275	73.9	26.1
上　海	1138	388	65.9	34.1
江　苏	1427	392	72.5	27.5
浙　江	1003	313	68.8	31.2
安　徽	617	157	74.6	25.4
福　建	1111	365	67.1	32.9
江　西	630	187	70.3	29.7
山　东	2573	752	70.8	29.2
河　南	1030	297	71.2	28.8
湖　北	820	237	71.1	28.9
湖　南	886	235	73.5	26.5
广　东	1996	499	75.0	25.0
广　西	833	215	74.2	25.8
海　南	120	21	82.5	17.5
重　庆	299	69	76.9	23.1
四　川	1187	335	71.8	28.2
贵　州	313	84	73.2	26.8
云　南	901	233	74.1	25.9
西　藏	60	9	85.0	15.0
陕　西	841	218	74.1	25.9
甘　肃	501	120	76.0	24.0
青　海	136	26	80.9	19.1
宁　夏	152	39	74.3	25.7
新　疆	590	107	81.9	18.1

资料来源：国家体育总局。

表11.30　2019年律师人数及性别构成

地区	人数（人）	#女	性别构成(%) 男	性别构成(%) 女
全国	473036	176129	62.8	37.2
北京	35003	15770	54.9	45.1
天津	8249	3848	53.4	46.6
河北	18306	7128	61.1	38.9
山西	10823	4658	57.0	43.0
内蒙古	10116	4596	54.6	45.4
辽宁	14784	6458	56.3	43.7
吉林	6680	2526	62.2	37.8
黑龙江	6366	2580	59.5	40.5
上海	28316	11644	58.9	41.1
江苏	31412	10692	66.0	34.0
浙江	23683	8782	62.9	37.1
安徽	14505	3762	74.1	25.9
福建	13688	4777	65.1	34.9
江西	7552	2033	73.1	26.9
山东	30186	10206	66.2	33.8
河南	23836	7731	67.6	32.4
湖北	15669	5084	67.6	32.4
湖南	18537	6478	65.1	34.9
广东	49209	18826	61.7	38.3
广西	9492	2831	70.2	29.8
海南	3246	1258	61.2	38.8
重庆	11949	4308	63.9	36.1
四川	26443	9820	62.9	37.1
贵州	9053	2848	68.5	31.5
云南	11892	4494	62.2	37.8
西藏	434	188	56.7	43.3
陕西	11369	4536	60.1	39.9
甘肃	5865	1966	66.5	33.5
青海	1336	492	63.2	36.8
宁夏	3156	1403	55.5	44.5
新疆	5536	2329	57.9	42.1
新疆兵团	738	284	61.5	38.5

资料来源：司法部。

注：全国律师人数包括军队律师和司法部颁发执业证的中央单位、中央企业的公职律师、公司律师。

表11.31　2019年公证员人数及性别构成

地区	人数(人)	#女	性别构成(%)	
			男	女
全国	**13428**	**6757**	**49.7**	**50.3**
北京	416	243	41.6	58.4
天津	166	90	45.8	54.2
河北	717	396	44.8	55.2
山西	416	192	53.8	46.2
内蒙古	532	254	52.3	47.7
辽宁	397	210	47.1	52.9
吉林	375	191	49.1	50.9
黑龙江	395	213	46.1	53.9
上海	431	219	49.2	50.8
江苏	751	388	48.3	51.7
浙江	536	270	49.6	50.4
安徽	372	127	65.9	34.1
福建	442	212	52.0	48.0
江西	324	141	56.5	43.5
山东	1013	505	50.1	49.9
河南	679	331	51.3	48.7
湖北	377	163	56.8	43.2
湖南	402	186	53.7	46.3
广东	890	432	51.5	48.5
广西	271	126	53.5	46.5
海南	93	41	55.9	44.1
重庆	226	116	48.7	51.3
四川	931	529	43.2	56.8
贵州	294	139	52.7	47.3
云南	616	302	51.0	49.0
西藏	26	13	50.0	50.0
陕西	460	233	49.3	50.7
甘肃	244	112	54.1	45.9
青海	121	60	50.4	49.6
宁夏	131	86	34.4	65.6
新疆	322	206	36.0	64.0
兵团	62	31	50.0	50.0

资料来源：司法部。

表11.32　2019年法律援助机构数及获得法律援助的受援人数

地　区	机构数 （个）	获得法律援助 的受援人数 （人次）	#女	#儿童
全　国	2828	1988811	351828	137539
北　京	17	55488	8838	996
天　津	18	19767	3145	1419
河　北	112	61722	12754	4598
山　西	129	31395	5764	1521
内蒙古	91	37974	6607	1426
辽　宁	79	55095	10014	2659
吉　林	70	14209	2181	1361
黑龙江	112	24509	3633	1352
上　海	17	44630	5654	1622
江　苏	84	163677	34628	8614
浙　江	102	151028	22058	9773
安　徽	118	104015	21410	5336
福　建	75	65250	13406	5308
江　西	107	44157	9136	5032
山　东	153	139116	32441	6434
河　南	179	146428	22888	9652
湖　北	114	67630	12467	3975
湖　南	135	53830	10625	7472
广　东	153	259808	32838	14265
广　西	123	37623	7352	6480
海　南	12	21707	5463	2680
重　庆	41	42076	8015	5063
四　川	204	75130	15059	6708
贵　州	75	51350	7682	5507
云　南	68	61550	11294	9250
西　藏	63	4081	428	235
陕　西	116	56546	9942	2705
甘　肃	95	37667	5919	1806
青　海	53	9719	1975	559
宁　夏	12	25385	5061	1285
新　疆	97	22997	2675	2281
新疆兵团	4	3252	476	165

资料来源：司法部。
注：法律援助机构数全国数据包括中央单位。

表11.33　2019年少儿广播电视节目播出时间

单位：小时

地　　区	少儿广播	少儿电视	电视动画
全　　国	**266377**	**574054**	**398685**
中央广播电视总台	1275	8878	7756
其他部门所属单位		608	322
北　　京	2512	9579	7477
天　　津	138	8618	6326
河　　北	10761	16843	10303
山　　西	7467	23730	12656
内　蒙　古	9331	15440	12409
辽　　宁	12807	13401	8431
吉　　林	4009	3539	2802
黑　龙　江	5716	7248	6686
上　　海	1299	17748	8884
江　　苏	13129	19454	13654
浙　　江	11527	21476	22102
安　　徽	13922	14181	8618
福　　建	6570	21393	17268
江　　西	9350	20369	11982
山　　东	19557	35958	24829
河　　南	9521	16353	6815
湖　　北	10472	17815	14132
湖　　南	14009	34217	26864
广　　东	16408	46893	35880
广　　西	5347	13983	10254
海　　南	3001	5635	6577
重　　庆	2333	13704	8719
四　　川	16780	36481	21216
贵　　州	2609	12416	8230
云　　南	8817	24913	19011
西　　藏	10395	9191	1739
陕　　西	11803	18998	6832
甘　　肃	6554	15504	11361
青　　海	4480	7611	4982
宁　　夏	1664	10553	5148
新　　疆	12815	31323	28419

资料来源：国家广播电视总局。

表11.35 2019年公共图书馆基本情况

地 区	个 数(个)	少儿文献(万册)	少儿阅览室坐席数(个)	少儿图书馆 个数(个)	总藏量(万册)
全 国	3196	13123.8	291531	128	4999.8
中 央	1	9.0	300		
北 京	23	355.9	3230	3	82.3
天 津	29	293.5	3480	9	328.3
河 北	173	336.1	9765	1	45.5
山 西	128	209.2	8007	1	25.7
内蒙古	117	157.2	8020	1	17.1
辽 宁	130	627.6	8351	16	505.2
吉 林	66	236.2	4559	5	641.7
黑龙江	110	171.2	6641	1	5.1
上 海	23	412.9	4957	4	207.6
江 苏	117	1165.7	18371	7	192.2
浙 江	103	1495.1	20764	5	447.3
安 徽	127	422.6	12371	13	146.2
福 建	94	772.6	11359	6	231.2
江 西	114	290.7	11666		
山 东	154	696.4	14814	1	64.7
河 南	164	479.9	18579	9	191.3
湖 北	116	443.8	11669	5	147.8
湖 南	141	513.2	13555	9	232.4
广 东	146	2009.7	26326	5	728.5
广 西	116	360.7	10441	3	141.0
海 南	24	63.7	1955	1	23.8
重 庆	43	275.3	7833	2	152.6
四 川	206	426.6	14087	1	9.8
贵 州	98	134.5	6182	4	41.8
云 南	151	188.4	8296	4	79.1
西 藏	81	11.9	495	1	17.2
陕 西	111	170.5	6781	3	34.7
甘 肃	104	143.4	7646	7	80.1
青 海	52	30.6	1200	1	179.5
宁 夏	27	90.1	2429		
新 疆	107	129.7	7402		

资料来源:文化和旅游部。

表11.36　2019年全国文化馆(站)、博物馆个数及未成年人参观情况

地区	文化馆(站)		博物馆	
	个数(个)	为未成年人组织专场(次)	个数(个)	未成年人参观人次(万人次)
全国	**44073**	**24340**	**5132**	**28652.9**
中央			3	253.7
北京	354	158	81	321.9
天津	261	152	68	377.0
河北	2435	1087	136	1019.0
山西	1540	507	158	626.4
内蒙古	1206	686	125	448.1
辽宁	1546	610	65	480.7
吉林	981	341	107	370.9
黑龙江	1430	920	193	600.8
上海	242	346	98	687.6
江苏	1372	1283	345	2327.7
浙江	1464	1152	366	2300.7
安徽	1560	1198	219	951.8
福建	1219	929	130	1182.2
江西	1854	735	143	1266.4
山东	1972	2566	541	2509.1
河南	2663	1482	340	2081.2
湖北	1405	987	213	1219.9
湖南	2512	1004	117	1886.3
广东	1759	1479	241	1837.4
广西	1298	930	131	504.8
海南	242	157	27	113.1
重庆	1069	864	104	602.7
四川	4617	1180	256	1548.4
贵州	1698	525	91	328.4
云南	1599	724	140	569.3
西藏	774	144	7	3.3
陕西	1498	540	294	937.4
甘肃	1491	468	224	901.6
青海	443	297	24	49.9
宁夏	272	265	55	167.5
新疆	1297	624	90	177.7

资料来源:文化和旅游部。

表11.37 2019年全国妇女之家及儿童之家数

单位：个

地区	妇女之家	儿童之家
全国	739465	288778
中央	1	
北京	8386	4882
天津	5630	1918
河北	55972	16490
山西	35027	3217
内蒙古	16370	1387
辽宁	20556	6847
吉林	13327	8040
黑龙江	13734	3838
上海	8220	1201
江苏	23194	18578
浙江	42225	21712
安徽	20596	14488
福建	20215	12109
江西	21961	6927
山东	80240	7210
河南	56191	11478
湖北	31186	16417
湖南	33485	25363
广东	27644	26718
广西	18055	11377
海南	3486	1588
重庆	13611	10925
四川	57186	35336
贵州	20207	4482
云南	18231	5567
西藏	6729	212
陕西	22514	1098
甘肃	19062	3391
青海	5831	447
宁夏	3359	2176
新疆	14470	3240
新疆兵团	2564	119

资料来源：全国妇联。

表11.38　2019年各级表彰或揭晓的五好家庭、三八红旗手和"最美家庭"数

地　区	五好家庭（个）	三八红旗手（人）	最美家庭（个）
全　国	**85139**	**62754**	**1899963**
中　央		304	999
北　京	721	200	62972
天　津	103	1310	8345
河　北	6664	6642	191898
山　西	213	616	47814
内蒙古	976	1837	40522
辽　宁	1213	2160	44092
吉　林	102	675	32890
黑龙江	5602	3189	23211
上　海	250	977	24779
江　苏	6690	4098	144115
浙　江	14503	673	106499
安　徽	2769	3622	80383
福　建	718	1310	22431
江　西	2643	2043	57472
山　东	7123	8346	192699
河　南	4759	8508	143633
湖　北	4857	1304	93398
湖　南	4787	1716	102714
广　东	1208	2000	32881
广　西	97	1036	9054
海　南	72	349	861
重　庆	4578	483	65148
四　川	3705	3018	116933
贵　州	1291	1547	33339
云　南	1388	482	15188
西　藏	250	466	797
陕　西	2185	1028	40716
甘　肃	1907	730	45146
青　海	1692	359	5430
宁　夏	158	164	5161
新　疆	1897	1412	105777
新疆兵团	18	150	2666

资料来源：全国妇联。

表11.39　2019年残疾人人口基础数据库持证残疾人人数及性别构成

地　区	人数 （人）	#女	性别构成(%)	
			男	女
全　国	**36817205**	**15353977**	**58.3**	**41.7**
北　京	537724	249119	53.7	46.3
天　津	360875	163498	54.7	45.3
河　北	1926617	805886	58.2	41.8
山　西	986545	381812	61.3	38.7
内蒙古	817029	335243	59.0	41.0
辽　宁	1081178	420251	61.1	38.9
吉　林	870298	347985	60.0	40.0
黑龙江	1120744	432673	61.4	38.6
上　海	575208	282558	50.9	49.1
江　苏	1666079	747708	55.1	44.9
浙　江	1323037	558558	57.8	42.2
安　徽	1888643	825692	56.3	43.7
福　建	888717	376082	57.7	42.3
江　西	1183052	465313	60.7	39.3
山　东	2386572	964883	59.6	40.4
河　南	2874430	1233386	57.1	42.9
湖　北	1613309	669217	58.5	41.5
湖　南	1799408	704624	60.8	39.2
广　东	1594941	659659	58.6	41.4
广　西	1398460	604948	56.7	43.3
海　南	187732	77711	58.6	41.4
重　庆	892067	357245	60.0	40.0
四　川	2813213	1178896	58.1	41.9
贵　州	1267834	488582	61.5	38.5
云　南	1473165	602217	59.1	40.9
西　藏	106788	51803	51.5	48.5
陕　西	1345070	587570	56.3	43.7
甘　肃	837831	358087	57.3	42.7
青　海	181274	80070	55.8	44.2
宁　夏	231481	103772	55.2	44.8
新　疆	587884	238929	59.4	40.6

资料来源：中国残联。

表11.40 2019年接受残疾人事业专项彩票公益金助学项目资助的 3—5岁人数

地 区	人 数（人）	#女	性别构成(%)	
			男	女
全 国	15393	5629	63.4	36.6
北 京	6	1	83.3	16.7
天 津				
河 北	932	310	66.7	33.3
山 西	718	278	61.3	38.7
内蒙古				
辽 宁	1261	402	68.1	31.9
吉 林	202	63	68.8	31.2
黑龙江	289	84	70.9	29.1
上 海				
江 苏	244	111	54.5	45.5
浙 江				
安 徽	982	394	59.9	40.1
福 建	460	188	59.1	40.9
江 西	383	96	74.9	25.1
山 东	470	193	58.9	41.1
河 南	1228	473	61.5	38.5
湖 北	736	269	63.5	36.5
湖 南	1000	345	65.5	34.5
广 东	1545	522	66.2	33.8
广 西	1370	467	65.9	34.1
海 南	300	109	63.7	36.3
重 庆	360	131	63.6	36.4
四 川	126	52	58.7	41.3
贵 州	797	328	58.8	41.2
云 南	575	218	62.1	37.9
西 藏	98	47	52.0	48.0
陕 西	46	18	60.9	39.1
甘 肃	609	254	58.3	41.7
青 海	233	97	58.4	41.6
宁 夏	211	87	58.8	41.2
新 疆	212	92	56.6	43.4

资料来源：中国残联。

表11.41 2019年接受残疾人事业专项彩票公益金助学项目资助的 3-5岁儿童残疾类别

单位：人

地 区	视力残疾	听力残疾	言语残疾	肢体残疾	智力残疾	精神残疾	多重残疾
全 国	**291**	**2900**	**791**	**2652**	**4927**	**1598**	**2234**
北　京					5		1
天　津							
河　北	7	186	41	69	366	98	165
山　西	6	195	26	86	236	48	121
内蒙古							
辽　宁	23	181	33	130	429	335	130
吉　林		3	7	16	64	67	45
黑龙江		39	1	6	100	107	36
上　海							
江　苏	13	59	7	46	64	37	18
浙　江							
安　徽	18	273	25	200	259	118	89
福　建	9	96	26	119	124	24	62
江　西	1	56	5	32	133	57	99
山　东	9	92	5	118	128	44	74
河　南	29	296	73	258	399	47	126
湖　北	14	111	50	95	316	53	97
湖　南	4	186	44	68	464	99	135
广　东	40	222	93	381	425	166	218
广　西	11	263	79	134	503	77	303
海　南	5	51	2	49	95	78	20
重　庆	6	21	32	30	190	30	51
四　川	3	21	9	9	40	12	32
贵　州	30	86	107	294	156	42	82
云　南	16	154	48	130	131	11	85
西　藏	9	6	19	30	4	2	28
陕　西	2	2	1	13	18	1	9
甘　肃	18	146	27	127	122	36	133
青　海	11	40	15	99	50		18
宁　夏	3	44	9	61	67	6	21
新　疆	4	71	7	52	39	3	36

资料来源：中国残联。

附：主要统计指标解释

人口与经济

人口数 指一定时点、一定地区范围内有生命的个人总和。年度统计的年末人口数指每年12月31日24时的人口数。

出生率 指在一定时期内（通常为一年）一定地区的出生人数与同期内平均人数（或期中人数）之比，用千分率表示。计算公式为：

出生率=年出生人数/年平均人数×1000‰

死亡率 指在一定时期内（通常为一年）一定地区的死亡人数与同期内平均人数（或期中人数）之比，用千分率表示。计算公式为：

死亡率=年死亡人数/年平均人数×1000‰

自然增长率 指在一定时期内（通常为一年）人口自然增加数（出生人数减死亡人数）与该时期内平均人数（或期中人数）之比，用千分率表示。计算公式为：

人口自然增长率=（本年出生人数-本年死亡人数）/
年平均人数×1000‰=人口出生率-人口死亡率

平均预期寿命 平均预期寿命指同时出生的一批人，在当年各年龄组人口的不同死亡水平之下，平均可能存活的年数。0岁组的平均预期寿命可以反映一批人出生后一生可能存活的年数，具有特殊的意义。因此，通常所说的平均预期寿命，即是指0岁组的平均预期寿命。平均预期寿命是度量人口健康状况最重要的指标之一，体现国家或地区经济社会发展水平及医疗卫生服务水平。

出生人口性别比 指每出生100名女孩所对应的出生男孩数（以女性人口为100）。

总人口性别比 总人口中男性与女性人口之比（以女性人口为100）。

平均家庭户规模 指平均每个家庭户的人口数。

少儿抚养比 也称少年儿童抚养系数。指某一人口中少年儿童人口数与劳动年龄人口数之比。通常用百分比表示。以反映每100名劳动年龄人口要负担多少名少年儿童。计算公式为：

少儿抚养比=0-14岁人口数/15-64岁人口数×100%

国内生产总值 是指一个国家所有常住单位在一定时期内生产活动的最终成果，它有三种表现形态，即价值形态、收入形态和产品形态。在实际核算中，国内生产总值有三种计算方法，即生产法、收入法和支出法。三种方法分别从不同的方面反映国内生产总值及其构成。

人均国内生产总值 指一个国家在一定时期内全部人口平均计算的国内生产总值，它可粗略的反映一个国家经济水平的高低。

卫生总费用 指一个国家或地区在一定时期内，为开展卫生服务活动从全社会筹集的卫生资源的货币总额，按来源法核算。它反映一定经济条件下，政府、社会和居民个人对卫生保健的重视程度和费用负担水平，以及卫生筹资模式的主要特征和卫生筹资的公平性合理性。

国家财政性教育经费 包括一般公共预算安排的教育经费，政府性基金预算安排的教育经费，企业办学中的企业拨款，校办产业和社会服务收入用于教育的经费，其他属于国家财政性教育经费。

卫生保健

新生儿死亡率 指年内新生儿死亡数与活产数之比，一般以千分率表示。新生儿死亡数指出生至28天内（即0-27天）死亡人数。活产数指年内妊娠满28周及以上（如妊娠周不清楚，可参考出生体重达1000g及以上），娩出后有心跳、呼吸、脐带搏动、随意肌收缩4项生命体征之一的新生儿数。

婴儿死亡率 指年内未满周岁死亡的婴儿数与活产数之比，一般以千分率表示。

5岁以下儿童死亡率 指年内未满5岁儿童死亡人数与活产数之比，一般以千分率表示。

孕产妇死亡率 指年内每10万例活产中孕产妇的死亡人数。孕产妇死亡指从妊娠至产后42天内，由于任何妊娠或妊娠处理有关的原因导致的死亡，但不包括意外原因死亡者。

住院分娩率 指年内在取得助产技术资质的机构分娩的活产数与所有活产数之比，一般用百分比表示。

18岁以下儿童伤害死亡率 指年内未满18岁的人群死于伤害的频率。

$$\text{18岁以下儿童伤害死亡率} = \frac{\text{某地区年内未满18岁儿童因伤害死亡的人数}}{\text{该地区年内18岁以下儿童平均人口}} \times 100000/100000$$

低出生体重发生率 指年内出生体重低于2500克的婴儿数与活产数之比，一般用百分比表示。

新生儿访视率 指接受1次及以上访视的新生儿人数与活产数之比，一般用百分比表示。

5岁以下儿童中重度营养不良比重 包括低体重患病率和发育迟缓患病率两个指标。本资料指低体重患病率，即对照世界卫生组织各年龄段体重标准，5岁以下儿童体重低于同龄标准人群中位数减2个标准差的人数占5岁以下体检儿童总数的百分比。

3 岁以下儿童系统管理率　指年内 3 岁以下儿童系统管理人数与当地 3 岁以下儿童数之比，一般用百分比表示。3 岁以下儿童系统管理是指 3 岁以下儿童按年龄接受生长监测或 4:2:1（城市）或 3:2:1（农村）体格检查（身高和体重）的人数。新生儿访视时的体检次数不包括在内。

7 岁以下儿童健康管理率　指 7 岁以下儿童保健覆盖人数与 7 岁以下儿童数之比，一般用百分比表示。7 岁以下儿童保健覆盖人数指 7 岁以下儿童中当年实际接受 1 次及以上体格检查（身高和体重）的人数。

卡介苗、脊灰疫苗、百白破疫苗、含麻疹成分疫苗、乙肝疫苗、甲肝疫苗、乙脑疫苗、流脑疫苗接种率　接种率指按照儿童免疫程序实际接种某疫苗人数占应接种人数的百分比。应接种人数指在某时间范围内，所辖地域范围内达到免疫程序规定应接受某疫苗接种的适龄儿童人数。实种人数指某时间段内，某地域范围内某种疫苗应种人数中实际接种人数。计算公式为：

单项疫苗接种率 = 单项疫苗实种人数 / 单项疫苗应接种人数 ×100%

妇女病检查率　指年内实际进行妇女病普查人数与 20-64 岁妇女数之比，一般用百分比表示。

查出妇女病率　指年内查出进行妇女病普查时查出的妇科病患病人数与实查人数之比，一般用百分比表示。

已婚育龄妇女避孕率　指某一时点已婚育龄妇女中采取各种避孕措施的人数占已婚育龄妇女总人数的比率。它可以综合考察已婚育龄妇女实行计划生育的程度。

孕产妇建卡率　指年内孕产妇中由保健人员建立的保健卡（册）人数与活产数之比，一般用百分比表示。

孕产妇系统管理率　指年内孕产妇系统管理人数与活产数之比。一般用百分率表示。孕产妇系统管理人数指按系统管理程序要求，妊娠至产后 28 天内接受过早孕检查、至少 5 次产前检查、新法接生和产后访视的产妇人数。

产前检查率　指年内产前接受过 1 次及以上产前检查的产妇人数与活产数之比，一般用百分比表示。

产后访视率　指年内接受过 1 次及以上产后访视的产妇人数与活产数之比，一般用百分比表示。

婚前医学检查率　指年内进行婚前医学检查人数与应查人数之比，一般用百分比表示。

教育

生师比　是指学校专任教师数与在校学生数的比例。生师比是测算学校师资需求量的数量指标，也是反映学校人力资源利用效率的指标。

学前教育毛入园率　指学前教育在园（班）幼儿数占 3-5 岁年龄组人口数（个

别地区为 4-6 岁年龄组人口数）的百分比。

小学学龄儿童净入学率 指调查范围内已入小学学习的学龄儿童占校内外学龄儿童总数的比重。

初中阶段毛入学率 指初中阶段在校生总数占国家规定初中阶段年龄组人口数的百分比。

九年义务教育巩固率 指初中毕业班学生数占该年级入小学一年级时学生数的百分比。根据教育部门有关统计资料推算。计算公式为：

九年义务教育巩固率＝初中毕业班学生数／该年级入小学一年级人数×100%

高中阶段毛入学率 指高中阶段（包括普通高中、成人高中、中等职业学校）在校学生总数占 15-17 岁学龄组人口数的比重，一般以百分比表示。

高等教育毛入学率 指高等教育（包括国家承认学历的各类高等教育：研究生、普通高校本专科、成人本专科、高等学历文凭考试专科、网络教育本专科、自学考试本专科、军事院校本专科等）在校学生总数与 18-22 岁年龄组人口数的比重，一般以百分比表示。

教职工数 指在学校（机构）工作并由学校（机构）支付工资的教职工人数。包括校本部教职工、科研机构人员、校办企业职工、其他附设机构人员。

专任教师 指具有教师资格，专职从事教学工作的人员。

特殊教育 指独立设置的招收盲聋哑等残疾儿童，以及其他特殊需要的儿童和青少年进行普通或职业初中，中等教育的教学。

进城务工人员随迁子女 是指户籍登记在外省（区、市）、本省外县（区）的乡村，随务工父母到输入地的城区、镇区（同住）并接受义务教育的适龄儿童。

未按规定接受或完成义务教育 指未上过学、仅小学毕业或肄业、小学辍学和初中辍学人群。

家长学校数 指本年度末妇联主管或联合管理的面向未成年人父母及其他监护人的各类家长学校的个数。

家长学校培训人次 指年度内家长学校培训的人次数。

就业与社会保障

就业人员 指在一定年龄以上，有劳动能力，为取得劳动报酬或经营收入而从事一定社会劳动的人员。具体指年满 16 周岁，为取得报酬或经营利润，在调查周内从事了 1 小时及以上劳动的人员；或由于学习、休假等原因在调查周内暂时处于未工作状态，但有工作单位或场所的人员；或由于临时停工放假、单位不景气放假等原因在调查周内暂时处于未工作状态，但不满三个月的人员。

单位就业人员 指报告期末最后一日在本单位工作，并取得工资或其他形式劳动报酬的人员数。该指标为时点指标，不包括最后一日当天及以前已经与

单位解除劳动合同关系的人员,是在岗职工、劳务派遣人员及其他就业人员之和。就业人员不包括:

1. 离开本单位仍保留劳动关系,并定期领取生活费的人员;
2. 在本单位实习的各类在校学生数;
3. 本单位以劳务外包形式使用的人员,如:建筑业整建制使用的人员。

城镇登记失业人员　指有非农业户口,在一定的劳动年龄内(16周岁至退休年龄),有劳动能力,无业而要求就业,并在当地劳动保障部门进行失业登记的人员。

城镇登记失业率　城镇登记失业人员与城镇单位就业人员(扣除使用的农村劳动力、聘用的离退休人员、港澳台及外方人员)、城镇单位中的不在岗职工、城镇私营业主、个体户主、城镇私营企业和个体就业人员、城镇登记失业人员之和的比。

就业困难人员　指符合就业促进法规定的相关条件的人员,一般指大龄、身有残疾、享受最低生活保障、连续失业一年以上,以及因失去土地等原因难以实现就业的人员。具体范围由各省、自治区、直辖市人民政府根据本地实际情况规定。

城镇职工基本养老保险参保人数　指报告期末按国家有关法律、法规和有关政策规定参加城镇基本养老保险,并在社保经办机构已建立缴费记录档案的职工人数(包括中断缴费但未终止养老保险关系的职工人数,不包括只登记未建立缴费纪录档案的人数)和离休、退休和退职人员的人数。

城乡居民基本养老保险参保人数　指报告期末,参加城乡居民养老保险(在经办机构参保登记并已建立缴费记录以及制度实施当年已经年满60周岁并在经办机构参保登记)的人数(不包括已经办理注销登记手续的人数)。

职工基本医疗保险参保人数　指报告期末参加职工基本医疗保险(实施统帐结合和单建统筹基金)的在职职工人数和退休人数的合计。

城乡居民基本医疗保险参保人数　指报告期末,参加城镇居民和农村居民基本医疗保险的人数。

失业保险参保人数　指报告期末按照国家法律、法规和有关政策规定参加了失业保险的城镇企业、事业单位的职工及地方政府规定参加失业保险的其他人员的人数。

工伤保险参保人数　指报告期末依据国家有关规定参加工伤保险的职工人数和有雇工的个体工商户的雇工数。

生育保险参保人数　指报告期末依照有关规定参加生育保险的人数。

残疾人就业人数　指本年度通过集中就业、按比例就业、个体就业、公益性岗位就业、辅助性就业、从事农业种养、灵活就业形式实现就业的城镇残疾人。

查处违反女职工和未成年工特殊劳动保护规定案件数　指报告期内劳动保

障监察机构依法查处的用人单位违反国家有关女职工和未成年工特殊劳动保护的法律法规规定的案件数。

执行《女职工劳动保护特别规定》的企业比重　指在被调查的企业中执行了女职工"四期劳动保护"或女职工禁忌从事劳动范围规定的企业数占被调查企业总数的比重。女职工包括所有从事体力劳动和脑力劳动的已婚、未婚的女性职工。女职工"四期劳动保护"是指《劳动法》和《女职工劳动保护特别规定》中对女职工经期、孕期、产期、哺乳期有关劳动权利和享受待遇等各项规定。女职工禁忌从事的劳动范围是指《女职工劳动保护特别规定》附录中的各项明确规定。

社会服务

城市居民最低生活保障人数　指在报告期末共同生活的家庭成员人均收入低于当地最低生活保障标准，且家庭财产状况符合相关规定的城镇居民，并已发放补助经费的人数。

农村居民最低生活保障人数　指报告期末共同生活的家庭成员人均收入低于当地最低生活保障标准，得到当地政府给予最低生活保障待遇的农业人口家庭人数。

农村特困人员救助供养人数　指无劳动能力、无生活来源、无法定赡养、抚养、扶养义务人或者其法定义务人无履行义务能力的农村老年人、残疾人以及未满16周岁的未成年人被依法纳入特困人员救助供养范围、享受供养待遇的人员。

提供住宿的民政服务机构数　指能为老年人、残疾人、智障与精神病人、儿童等人员提供住宿的社会服务机构数。包括社会福利院、农村特困人员救助供养机构、光荣院、养老公寓等其他养老机构、社会福利医院、儿童福利院、未成年人救助保护中心、生活无着人员救助管理站、安置农场以及其他提供住宿的机构。

儿童收养救助机构数　为儿童提供收养救助服务的机构数，包括儿童福利机构和未成年人救助保护中心。

基层组织中持有证书的专业社会工作者人数　指在基层群众自治组织中参加全国统一助理社会工作师、社会工作师职业水平考试合格，并获得由人社部统一印制、人社部和民政部共同用印的《中华人民共和国社会工作者职业水平证书》的人员数。

被中国公民收养　指收养人是中国公民（包括港澳台居民及华侨）的儿童收养登记数。

被外国公民收养　指收养人是具有外国国籍（包括无国籍人）的人员。夫妻共同收养中一方是外国人的，按外国人办理收养登记。

孤儿 指失去父母或查找不到生父母的未满 18 周岁的未成年人的人数。由地方县级以上民政部门依据有关规定和条件认定的,并已经领取了孤儿补助费的孤儿。

未成年人救助保护中心 对生活无着流浪乞讨未成年人实施救助,提供基本生活照料和教育、心理疏导、行为矫治等服务的专门机构。一般与救助管理站相对独立设置。

残疾儿童接受康复训练与服务人数 指某地区年内,残疾儿童接受康复训练和服务的人数。康复训练和服务内容包括:新收训聋儿/在训聋儿、脑瘫儿童系统康复训练、肢体残疾儿童社区和家庭康复训练、贫困肢体残疾儿童矫治手术、智力残疾儿童系统康复训练、智力残疾儿童社区和家庭康复训练、孤独症儿童康复训练。

结婚登记人数 指某地区报告期内,符合《婚姻法》要求,在该地民政部门登记结婚的全部人数。

结婚率 指某地区报告期内(通常为一年)符合《婚姻法》要求,在民政部门登记并领取《结婚证》的人数占该地区报告期内平均人口的比值,一般以千分率表示。计算公式为:

结婚率 = 报告期内登记结婚对数 / 报告期内平均人口 ×1000‰

离婚率 指某地区当年离婚对数占该地区年内平均人口的比重,一般以千分率表示。计算方法为:

离婚率 = 报告期内离婚对数 / 报告期内平均人口 ×1000‰

社会参与

企业职工代表大会中女性代表比重 指企业职工代表大会中的女性代表人数占全部职工代表人数的比重。职工代表的职责是代表职工群众参加企业民主管理,对选举人负责。职工代表应由企业职工直接选举产生。该指标是反映在企业内部女职工参与企业民主化管理情况的重要指标。

企业董事会中女职工董事占职工董事比重 指企业董事会中女职工董事占全部职工董事的比重。职工董事是指依照《中华人民共和国公司法》,通过职工代表大会或者其他形式民主选举产生,作为公司董事会正式成员进入公司董事会,代表职工行使决策权利的职工代表。

企业监事会中女职工监事占职工监事比重 指企业监事会中女职工监事占全部职工监事的比重。职工监事是指依照《中华人民共和国公司法》,通过职工代表大会或者其他形式民主选举产生,作为公司监事会正式成员进入公司监事会,代表职工行使决策权利的职工代表。

社会团体 是指中国公民自愿组成,为实现会员共同意愿,按照其章程开展活动的非营利性社会组织。根据登记管理政府发级别,社会团体分为:中央级、省级、地级、县级。

基金会 是指利用自然人、法人或者其他组织捐赠的财产，以从事公益事业为目的，按照国家的《基金会管理条例》规定成立的非营利性法人。基金会分为面向公众募捐的基金会（简称公募基金会）和不得面向公众募捐的基金会（简称非公募基金会）。公募基金会按照募捐的地域范围，分为全国性公募基金会和地方性公募基金会。

民办非企业 是指企业事业单位、社会团体和其他社会力量以及公民个人利用非国有资产举办的，从事非营利性社会服务活动的社会组织。

居（村）民委员会成员中女性比重 指女性居（村）民委员会成员占全部居（村）民委员会成员的比重，一般以百分比表示。包括主任、副主任和委员（专职人员和兼职人员）。

科技

两院院士 是对中国科学院院士和中国工程院院士的统称，是在某一领域内的资深专家。两院院士均从国内外最优秀的科学家中选出，每两年增选一次。

研究与试验发展 即 R&D，指在科学技术领域，为增加知识总量、以及运用这些知识去创造新的应用而进行的系统的、创造性的活动，包括基础研究、应用研究、试验发展三类活动。国际上通常采用 R&D 活动的规模和强度指标反映一国的科技实力和核心竞争力。

R&D 人员 指参与研究与试验发展项目研究、管理和辅助工作的人员，包括项目（课题）组人员，企业科技行政管理人员和直接为项目（课题）活动提供服务的辅助人员。反映投入从事拥有自主知识产权的研究开发活动的人力规模。

全国学会理事会理事 指经会员代表大会选举产生的全国学会理事。

表彰奖励科技人员 指本单位正式行文表彰（含命名）的，在科技工作中有特殊贡献的科技人员。一般的表扬鼓励和专门针对本单位工作人员的表彰奖励不统计在内。统计范围：中国科协、省级科协、计划单列市科协、省会城市科协、全国学会和省级学会。

法律保护

律师 依法取得律师执业证书，为社会提供法律服务的执业人员。通常接受当事人的委托，代理诉讼及处理其他法律事务。

公证员 依据《公证员执业管理办法》（司法部令第 102 号）第二条 公证员是符合《公证法》规定的条件，经法定任职程序，取得公证员执业证书，在公证机构从事公证业务的执业人员。公证员的配备数量，根据公证机构的设置情况和公证业务的需要确定。公证员配备方案，由省、自治区、直辖市司法行政机关编制和核定，报司法部备案。

破获强奸案件数　指某地区一定时间（通常为一年）内，公安机关破获的强奸案件数。强奸案件指违背妇女意愿，使用暴力、胁迫或者其他手段，强行与妇女发生性关系的案件。

破获拐卖妇女/儿童案件数　指某地区一定时间（通常为一年）内，公安机关破获拐卖妇女/儿童案件数。拐卖妇女/儿童案件指以出卖为目的，拐骗、收买、贩卖、接送、中转妇女/儿童的案件。

破获组织、强迫、引诱、容留、介绍妇女卖淫案件数　指某地区一定时间（通常为一年）内，公安机关破获组织、强迫、引诱、容留、介绍妇女卖淫案件的起数。

刑事犯罪受害人性别构成　指某地区一定时间（通常为一年）内，遭受刑事犯罪直接受害的人中男女各占全部直接受害人的比重。一般用百分比表示。

青少年作案成员占全部作案人员的比重　指某地区一定时间（通常为一年）内，在公安机关抓获的全部刑事案件作案成员中，14-25岁作案成员所占的比重。

青少年罪犯　指人民法院在报告期内判决发生法律效力的有罪判决中14周岁以上不满25周岁的罪犯。其中14周岁以上不满18周岁的罪犯为未成年罪犯。

批准逮捕　指人民检察院对公安机关、国家安全机关、监狱管理机关提出逮捕的犯罪嫌疑人进行审查，根据事实，依法做出逮捕决定。该指标主要反映人民检察院对提请逮捕犯罪嫌疑人进行审查后依法做出批准逮捕决定的情况。

建立少年法庭数　指人民法院为维护未成年人合法权益，矫正、预防未成年人犯罪，建立的少年法庭。包括审理未成年人刑事案件、民事案件的合议庭和少年审判庭。

获得法律援助机构援助的人数　指符合法律援助条件，经法律援助机构审查批准获得法律援助的受援人数。

生活和社会环境

森林面积　包括郁闭度0.2以上的乔木林地面积和竹林面积，国家特别规定的灌木林地面积、农田林网以及村旁、路旁、水旁、宅旁林木的覆盖面积。

森林覆盖率　指以行政区域为单位的森林面积占区域土地总面积的百分比。

人均水资源量　指在一个地区（流域）内，某一个时期按人口平均每个人占有的水资源量。

建成区绿化覆盖率　指报告期末建成区内绿化覆盖面积与建成区面积的比率。

城市污水处理率　指城市污水处理量与城市污水排放总量的比率，一般以百分比表示。

城市生活垃圾无害化处理率　指报告期生活垃圾无害化处理量与生活垃圾产生量的比率，一般以百分比表示。在统计上，由于生活垃圾产生量不易取得，可用清运量代替。

人均公园绿地面积　指报告期末区域内城区人口平均每人拥有的公园绿地

面积。

农村集中式供水受益人口比重　指农村集中式供水人口与农村人口的比例。集中式供水指自水源中取水，通过输配水管网送到用户或者公共取水点的供水方式，包括自建设施供水。为用户提供日常饮用水的供水站和为公共场所、居民社区提供的分质供水也属于集中式供水。农村集中式供水人口统计范围为集中供水人口大于等于20人，且有输配水管网的农村供水工程受益人口。农村人口指乡镇（不含县城城区）、村庄、国有农场和林场，以及新疆生产建设兵团的团场和连队的农业户籍人口，包括经常在家或一年内在家居住6个月以上，而且经济和生活与本户连成一体的人口。

少儿图书馆　指为18岁以下儿童提供服务的图书馆。

少儿图书馆总藏量　指少儿图书馆中已编目的图书、期刊和报纸的合订本、小册子、手稿，以及缩微制品、录像带、录音带、光盘等试听文献资料的数量之和。

未成年人参观博物馆人次　指接待有组织的集体参观人次与零散观众中能够确切统计的未成年人参观人次的总和。

文化馆组织未成年人活动专场　指文化馆本馆或与外机构联合专门为18岁以下少年儿童、家长和少儿工作者举办的各种文艺演出等活动专场。

公共图书馆少儿阅览室坐席数　指公共图书馆中专门提供给少年儿童使用的座位数。

公共图书馆中少儿文献　指公共图书馆中供少儿阅览的文献，包括图书、绘本、画册、连环画等。

出版儿童期刊（图书）种类／数量　指经新闻出版行政管理部门机关批准公开出版的，以初中及以下儿童为对象的期刊（图书）种类／数量。

出版儿童音像制品数量　指经国家正式批准的音像出版单位出版的，以初中及以下儿童为对象的音像制品数量。

广播／电视节目综合人口覆盖率　指报告期末，根据国家广播电视总局制定的《广播电视人口覆盖率统计技术标准和方法》进行统计调查的，在对象区内能接收到由中央、省、地市、县播出机构通过无线、有线、卫星等各种技术方式转播的各级广播／电视节目的人口数占对象区总人口数的比重。

少儿广播／电视节目播出时间　指广播电视播出机构全年面向少年儿童播出的广播／电视节目时间，包括少儿频率（频道）和少儿栏目的节目播出时间，含节目重复播出时间。

电视动画播出时间　指广播电视播出机构全年播出的电视动画的时长，含重复播出时间。

妇女之家数　指本年度末设立在乡镇、街道、村、社区的妇女之家，还包括女性集中的特色产业链、生产基地、经济合作组织、专业合作社、行业协会、商务楼宇、专业市场等领域的妇女之家的个数。

儿童之家数 指本年度末以保护儿童权利和促进儿童发展为宗旨,向儿童提供游戏、娱乐、教育、卫生和社会心理支持等一体化服务的场所个数,应有必须的活动设施,室内面积一般不少于 30 平方米,有专职或兼职工作人员,含早教指导中心、四点半学校以及为留守流动儿童提供亲情沟通、生活托管、家教指导、心理咨询、社工服务和丰富活动的场所。

各级表彰的五好家庭 指本年度内县及县以上妇联表彰的五好家庭的户数。

各级表彰的三八红旗手 指本年度内县及县以上妇联表彰的三八红旗手的人数。

各级揭晓的"最美家庭" 指本年度内各级妇联组织揭晓的"最美家庭"的户数。